사이판에서 아이들과 **한 달** 살까? **일 년** 살까?

사이판에서 아이들과 한 달 살까? 일 년 살까?

초판 1쇄 발행 2024년 9월 6일

지은이 박유경
펴낸이 장길수
펴낸곳 지식과감성#
출판등록 제2012-000081호

교정 김나현
디자인 정윤솔
편집 정윤솔
검수 김지원, 이현
마케팅 김윤길, 정은혜

주소 서울시 금천구 벚꽃로298 대륭포스트타워6차 1212호
전화 070-4651-3730~4
팩스 070-4325-7006
이메일 ksbookup@naver.com
홈페이지 www.knsbookup.com

ISBN 979-11-392-2079-7(03810)
값 18,000원

• 이 책의 판권은 지은이에게 있습니다.
• 이 책 내용의 전부 또는 일부를 재사용하려면 반드시 지은이의 서면 동의를 받아야 합니다.
• 잘못된 책은 구입하신 곳에서 바꾸어 드립니다.

지식과감성#
홈페이지 바로가기

사이판에서 아이들과 한 달 살까? 일년 살까?

박유경 지음

지식과감성#

사이판에서 함께하지는 못했지만 늘 마음으로 뒷받침해 주고
원격으로 큰 사랑을 보내 준 아이들 아빠에게 이 책을 바친다.

개인적으로 경험한 정보를 담은 책이다 보니
사이판 생활에 대한 간단한 아웃라인을 그리는
목적으로 사용되면 좋겠다. 중요한 결정을 해야 한다면
꼭 다른 정보들과 크로스 체크 하시길 바란다.

책을 시작하며

Hafa Adai!

단 한 번뿐인 사이판에서의 생활을 기록으로 남기면 좋겠다고 생각했다. 그래서 시작했지만 게으르고 귀찮아지는 마음으로 글쓰기를 시작하고 멈추고 다시 힘들게 시작하기를 반복하였다. 이제 사이판에서의 시간이 얼마 남지 않은 시점, 의미 있게 아름답게 사이판에서의 생활을 마무리 짓고 싶었다. 그 방법으로 소중했던 경험들과 발로 뛰며 얻었던 정보들을 기록으로 남기려 한다. 그렇게 함으로써 이후에 사이판을 방문하게 되는 사람들을 위해 조금이라도 도움을 주고 싶다.

처음 사이판을 오기로 결심하고 나서 막막하기만 했다. 사이판이 워낙 작은 섬이다 보니 정보가 많지 않았다. 짧게 여행을 다녀온 사람들의 글들은 인터넷에 많았지만 한 달 살기나 1년 살기 한 분들의 글은 찾기가 쉽지 않았다. 궁금한 점들이 많은데 물을 곳이 없으니 사이판을 다녀온 사람을 붙잡고서라도 묻고 싶었다. 그래서 나처럼 사이판을 가기로 결심했지만 막막하기만 한 사이판 초보 엄마들에게 옆집 아줌마처럼 이야기를 들려주면 좋겠다는 생각이 들었다. 이런 생각들은 사이판을 떠날 날짜가 얼마 되지 않은 시점에서 강렬해졌고 급하게 글을 쓰기 시작했다.

이 책의 제목처럼 아이들을 데리고 사이판에서 짧게는 한 달 길게는 1년 이상 생각하시는 분들이 많이 계신다. 다양한 이유로 사이판을 선택할 텐데 사이판은 워낙 장점이 많은 곳이라 어떤 이유로 사이판에 오든 만족도가 높을 것이라고 생각한다. 나의 경우 아이의 아토피 피부 문제 때문에 사이판에 왔지만 아이의 피부가 많이 건강해졌을 뿐만 아니라 생각하지 못했던 많은 것들을 사이판으로부터 선물받았다. 주변 엄마들의 경우에는 한국 교육에 적응을 못 하거나 아이가 경쟁적인 사회에서 살아가는 것이 싫어서 또는 아이가 더 큰 세상에서 살아가길 바라는 마음으로 처음을 사이판에서 시작하는 분들도 계신다. 많은 부모님 또는 아이들이 사이판과 사랑에 빠져 계획보다 더 오래 계시는 경우를 많이 보았다.

어렴풋이 사이판에 가고 싶은 마음은 있지만 막상 마음먹고 준비하기가 겁난다. 외국에서 아이들을 데리고 생활한다는 것이 보통 일이 아니기 때문이다. 나도 주변 분들에게 "정말 용감하다. 어떻게 애들 데리고 외국 나갈 생각을 할 수 있는지 대단하다." 얘기를 자주 듣는다. 하지만 실제로 나는 용감하지도 대범하지 않고 겁이 많은 편이다.(이 책을 읽다 보면 알게 될 것이다.) 조금만 용기를 내서 사이판에 온다면 실제로 걱정했던 것보다 생활이 어렵지 않다. 영어 때문에 걱정을 많이 하는데 실은 영어를 잘하지 못해도 여기서 살아가는 데 전혀 지장이 없다. 현지 한국 교민 사회가 발달해 있고 영어 단어 위주로 대화를 나눠도 의사 전달은 보통 충분하다. 무엇보다도 곧 아이들이 영어를 배워서 통역을 맡아 줄 것이다.

하늘과 바다가 하루에도 7번 이상 모습을 바꾸는 아름다운 이곳 사이판! 이곳에서 일단 한 달 살기부터 시작해 보자. 한 달 살기가 만족스러웠고 아이들과 더 오래 사이판에 지내고 싶다면 본격적으로 1년 살기를 준비해 보자. 숨겨진 보석과도 같은 사이판이 이 책을 읽는 분들의 삶에 진한 여운을 남기게 될 것으로 기대한다.

이 책이 가볍게 읽기 시작해서 시간 가는 줄 모르게 읽다가 책을 덮었을 때는 사이판에 대해 어느 정도 윤곽이 잡히는 데 도움이 되면 좋겠다. 사이판이 아이들에게도 엄마에게도 인생의 전환점이 되길 응원한다.

Oleai Beach 산책길

목차

책을 시작하며   8

또 다시 시작된 여행   16
어쩌다 사이판을 오게 되었을까?   18
사이판은 어떤 곳일까?   22
내가 생각하는 사이판의 장점   26
내가 생각하는 사이판의 단점   30
한국과 사이판의 다른 문화   34
한국과 다른 사이판의 단위   41
사이판에서 구입해도 괜찮은 준비물   43
한국에서 미리 가져가면 좋은 물품들   46
공항 이용할 때 주의할 점   55
사이판 1달 생활비   59
아이들이 몇 학년일 때 사이판에 가는 게 좋을까?   62
한국인이 없는 학교가 좋은 학교일까?   64

아이들의 영어 실력을 자연스럽게 향상시키기	69
어떤 학교가 우리 아이에게 맞을까?	72
방학 기간 1달 학교 체험하기	78
사이판 학교 결정 후 제출해야 하는 서류	81
사이판 1년 살기, 한국 학교에서 거쳐야 할 행정 절차 및 제출 서류	83
미국 비자의 벽에 부딪히다	88
미국 학생 비자, 관광 비자 혼자 준비하기에 도전!	92
미국 대사관에서 인터뷰 심사를 받다	96
ESTA 비자 받기	99
말도 많고 탈도 많던 사이판 입국 심사	100
사이판에서 보금자리는 어디에 마련할까?	105
나를 대신해 달려 줄 자동차 렌트하기	109
SCS에 무슨 일이 있었나 - 다양한 학교 행사들	111
아이들과 자주 가는 Joten Kiyu 도서관	125
사이판에서 받는 개인 과외	129

사이판에서의 한국 공부	**131**
MathCourt 대회	**135**
Spelling Bee	**140**
SCS의 자랑! 음악 밴드 활동	**142**
사이판은 축구를 좋아하는 아이들의 천국	**146**
사이판의 실내 체육관 TSL	**148**
사이판에서 운전할 때 주의할 점	**150**
경찰차가 쫓아오다	**157**
운전면허증 발급	**159**
개와 고양이가 많은 사이판	**163**
사이판 학교 급식 이야기	**168**
아이들 스스로 도시락 싸기	**171**
사이판은 안전할까?	**173**
마리화나, 비틀넛 그리고 포커장	**176**
내가 자주 가던 해변	**180**

내가 자주 가던 음식점	**185**
내가 자주 이용하던 마트와 가게에서 장보기	**210**
사이판의 맛있는 과일과 농장 투어	**218**
내가 좋아하는 사이판 관광지	**223**
도마뱀아 집에서는 마주치지 말자	**256**
바퀴벌레야 다시는 마주치지 말자	**259**
개미야 그만 나가 줄래!	**263**
사이판 물 이야기	**266**
사이판의 팁 문화	**268**
반 친구들의 초대	**271**
기러기 아빠의 대처법	**274**
음악 선생님과의 추억	**277**
사이판살이 1주년 되는 날	**280**
책을 마무리하며	**282**

또 다시 시작된 여행

　옛날부터 다른 사람들의 여행 책을 읽으면 내가 마치 그곳에 있는 것 같은 마음이었다. 작가와 함께 감동하고 웃고 고생하고……. 내가 하지 못하는 일들을 용감하게 해내는 여행 작가들을 통해 대리만족을 느끼며 나도 그곳으로 여행을 가야지 다짐하였다. 실제로 여행기를 읽고 20대에는 배낭여행을 여러 곳 다녔었다. 류시화 작가의 『하늘 호수로 떠난 여행』을 읽고 인도로 떠나는 사람이 정말 많았던 시절이었다. 여행 첫날 인도의 충격적인 모습에 류시화 작가를 원망했지만 여행이 끝나 가던 무렵에는 수행자처럼 작은 깨달음을 얻고 기쁨에 넘쳐 한국에 돌아왔었다. 한비야의 여행 책을 읽고 터키로 떠나 이스탄불에 있는 소피아 성당과 블루 모스크사원에서 하염없이 시간을 보내며 그 아름다움과 피로 물들었던 잔인했던 역사에 흠뻑 빠지기도 하였다.
　철이 없고 돈이 없던 그 시절 마이너스 통장으로 여행을 다녔었다. 통장은 늘 마이너스였던 것 같다. 하지만 가장 보석 같았던 시기이고 지금의 나를 만들어 준 시간이었다. 그렇다. 내가 살면서 가장 잘한 일 중 하나가 배낭여행이었다고 말할 수 있다. 낯선 공간에 놓이면 당연하게만 느껴지던 하루하루가 다르게 다가온다. 그래서일까? 여행지에서 하루 동안 느낀 감정과 배움은 일상에서 몇 달이 지나도 알지 못하는 것들이다. 새로운 곳에서 무수한 상황에 맞닥뜨리며 나 자신에 대해서 많이 생각하게 된다. 그래서 일상 속에서 내가 있는 곳, 내 주변의 사람들, 나의 시간을 너무나도 소중하게 생각하게 된다. 여행에서 돌아올 때 에너지가 충전되어 더 긍정적인 내가 되어 돌아온다. 그 에너지로 각박한 현실에서 힘을 내어 일할 수 있다.

여행은 심장을 뜨겁게 하고 마음을 설레게 한다. 만약 글을 쓰게 된다면 자유롭게 여행을 다니며 그 느낌을 글로 남기고 사람들과 공유하고 싶었다. 워킹맘으로 아이들을 키우며 육아 만신창이가 되어 가고 있었기 때문에 더 그런 마음이 들었을 것이다. 편두통과 만성 수면장애 그리고 울화병에 시달리고 다시 조울증처럼 아이들로 인해 행복에 겨워하는 나의 생활. 언젠가는 여행으로 다시 보상받으리라 생각했다.

여행은 퇴직 후에나 여유로울 때 생각할 수 있는 일이라고 생각했다. 그런데 우연한 기회에 1년 휴직을 하고 아이들과 함께 사이판에 가게 될 기회가 생겼다. 그 소중한 1년을 기록으로 남기고 또 작은 발자취를 남겨서 누군가에게 조그마한 도움이라도 되면 좋겠다는 생각이 들었다.

이 책을 통해 정보를 나누고 느꼈던 감정을 공유하며 보이지 않는 서로에게 힘이 되고 싶다. 다음 기회에 이 글을 읽는 누군가의 다른 여행기를 읽고 또 다시 여행 계획을 세우게 되기를 희망한다.

사이판에서는 쌍무지개를 자주 볼 수 있다.

어쩌다 사이판을 오게 되었을까?

첫째가 아토피가 있다. 아기 때부터 피부 문제가 있었는데 초등학교 3학년이 되어도 나아지지 않았다. 나는 첫째의 아토피 때문에 잠을 제대로 자지 못했다. 자다가 아이가 긁는 소리가 나면 깜짝 놀라 긁지 못하게 하고 간지러움을 덜어 주려고 애썼다. 어떨 때는 한 시간에 한 번 꼴로 깨서 결국에는 잠을 이루지 못하는 날들이 있었다. 아토피를 낫게 하려고 참 별의 별짓을 많이도 했었다.

하루는 남편이 한숨을 쉬며 얘기한다. 휴직을 하고 아이들을 데리고 강원도 산골에서 당분간 살다 오면 어떻겠냐고. 갑자기 일을 쉬는 것도 싫었지만 그렇게 해서 낫는다는 보장이 있을까라는 생각도 들었다. 오지에서 남편 없이 아이들을 돌보라니. 전에 남편은 여름방학 동안 인천의 한 섬에 우리를 보낸 적이 있었다. 자월도라는 인천항에서 1시간 떨어진 작은 섬이었는데 섬 주민에게 부탁을 해서 거기서 민박을 한 3주 했었다. 한 달 계획이었지만 너무 힘들어서 내가 탈출했다. 아름다운 곳이었지만 변변한 슈퍼가 없었고 주변에 식당도 별로 없었기 때문에 매일 조개를 캐어 조개탕, 조개된장국, 조개스파게티, 조개미역국 등등 삼시 세끼를 챙기는 일이 너무 힘들었다. 그랬는데 이제는 강원도 산골로 나를 보내려고?

"남편도 없이 힘들게 어떻게 지내라고? 난 못 해."
이런 대화가 몇 번 오간 어느 날 남편이 제안을 했다.
"그렇다면 캐나다는 어때?"
"캐나다? 그건 좀 솔깃한데? 그런데 돈은 어떡하고?"
"돈이야 뭐, 다녀와서 열심히 또 벌어야지."
캐나다를 듣는 순간 새로운 세계가 열리고 마음이 설레기 시작했다. 내 안의 여행 DNA가 출렁이기 시작했다.
'맞아. 해외여행을 못 간 지 너무 오래됐어. 아이들 낳았을 때 기필코 1년은 휴직을 하고 아이들 데리고 여행을 가야지 했었지.'
여행 판도라 상자가 열렸다. 그날부터 잠을 잊고 검색을 하기 시작했다. 검색을 하면 할수록 비용이 만만치 않다는 것을 느꼈다.
아이들 공립학교 수업료가 1년에 천만 원 이상. 두 명이면 2천만 원 이상. 방 두 개 월세가 지역에 따라 다르지만 내가 관심을 가졌던 지역은 한 달에 200만 원 정도, 1년이면 2,400만 원. 자동차 구입비 적어도 천만 원. 정착에 필요한 물건 구입비, 생활비, 공과금, 자동차 보험료, 여행 경비……. 아무리 계산기를 두들겨 봐도 1억 이상이다. 다른 사람들의 글을 읽어 봐도 1년에 1억은 생각해야 한다는 글들이 많다. 게다가 13시간~17시간이나 걸리는 비행시간도 문제. 남편이 며칠 휴가 내서 방문하기에는 너무 먼 곳이다.
집 렌트도 공급이 적어 집주인의 깐깐한 면접을 거쳐야 하는 경우도 있고 그나마도 외국인은 잘 받아 주지 않는다고 한다. 가족 수에 따라 렌트할 수 있는 집의 방 개수도 제한되어 있다고 하니 여러 가지 제약

조건들이 많았다.

 그러던 어느 날 한 지인께서 코로나 시기에도 트래블 버블로 사이판에 여행을 다녀왔고 너무 좋아서 다음에 또 갈 계획이라는 말을 하셨다. 얼핏 지나치듯 그 말을 듣고 머릿속에서 갑자기 전구가 켜졌다.

 "아, 맞다! 사이판도 있었지! 그런데 사이판이 어디 있지? 괌이랑 가까울 텐데……. 어머, 한국이랑 엄청 가깝네? 필리핀보다 더 가까워? 비행시간 4시간 정도? 우와~ 주말에 남편이 왔다 갈 수 있겠네. 세상에나~ 저가 항공도 많이 가네? 해변이 이렇게 아름다워? 1년 내내 수영하다 올 수 있겠다. 뭐야, 학비는 필리핀, 말레이시아 국제학교보다 싸잖아? 시험도 안 보고 학교 들어갈 수 있고. 숙소는 캐나다보다 싸게 지낼 수 있네."

 등잔 밑이 어두웠던 것이다. 이 좋은 사이판을 두고 캐나다, 말레이시아, 세계여행까지 멀리도 다녀왔던 것이다.

 "그래, 사이판이야! 나 결정했어. 이 결정 이제 안 바꿔!"

 캐나다를 간다고 했을 때는 주저하는 마음이 컸었다. 비싼 월세에 겨우 1년을 위해 모든 살림살이를 사야 했다. 캐나다의 추위도 걱정되었다. 추위를 싫어하는 나는 히터를 하루 종일 틀어 놓고 집콕할 것이 분명했다. 그런데 사이판으로 마음을 결정한 순간 지금 당장 떠나고 싶었다. 심지어 1년이 너무 짧게 느껴져 어떻게 하면 더 오래 지낼 수 있을까를 고민할 지경이다. 하지만 내가 쓸 수 있는 휴직은 딱 1년이다. 아쉽지만 1년을 멋지게 보내고 오자.

 학교 공부는 가볍게 하고 1년 내내 바다를 가자. 해변을 걷고 모래놀이를 즐기자. 새까맣게 타서 오겠지? 새까매져도 좋으니 자연 속에서 첫째의 아토피도 많이 나으면 좋겠다. 그리고 나는? 애들 등하교 시키랴 도시락 싸랴 밥해 먹이랴 바쁘겠지만 도서관도 가고 성당도 다니고 그곳 지역 사람들과 교류하고 싶다. 그리고 눈부신 바다와 파도 소리를 들으며 치유의 시간을 보내자. 많은 준비를 해야겠지만 설렘이 가득하다. 어쩌다 보니 사이판까지 왔지만 최고의 결정이었다.

다이빙을 배우면 다양한 바다 생물들을 만날 수 있다.

photo by 박지주

사이판은 어떤 곳일까?

사이판은 한국과 비행기로 4시간 30분 떨어져 있는 북마리아나 제도(Northern Marianas)의 주도다. 서태평양 지역의 북마리아나 제도에는 티니언, 로타, 사이판이 있는데 사이판이 가장 규모가 크고 인구가 많다. 한국인들이 해외여행으로 많이 가는 괌이 사이판으로부터 약 200㎞ 떨어져 있어서 가까운 거리다. 사이판은 면적이 115.4㎢ 정도로 제주도의 1/10 크기이며 우리나라 수원시나 안면도와 비슷하다.

평균 기온은 26도~28도 정도이고 한낮 최고 기온도 28도~32도 정도를 유지한다. 연중 내내 따뜻한 기온을 유지하기 때문에 야외 활동을 하기에 좋다. 11월부터 5월은 건기로 낮 최고 온도가 28도~30도를 유지하고 아침과 저녁에는 제법 시원한 바람이 분다. 특히 최고 온도가 가장 낮은 1월과 2월은 습도가 낮아 우리나라 여름보다 시원하고 상쾌하다. 6월부터 11월은 우기로 비도 많이 내리고 기온도 평균 최고 온도가 30도 이상으로 올라가 습도도 높고 불쾌지수도 상승한다. 강수량은 우리나라 연간 평균 강수량(1,270㎜)보다 높은 약 2,000㎜ 정도로 강수량이 매우 높다. 하지만 아열대 지역의 특성상 스콜성 비가 자주 오고 금세 날씨가 맑아져서 야외 활동 하는 데 큰 지장을 주지 않는다.

사이판의 원주민은 차모로인(Chamorro)이다. 많은 차모로인들이 괌으로 강제 이주를 당하고 나서 그 빈자리를 캐롤리니언(Carolinian)이 채웠다. 인종이 다른 두 민족은 외모도 많이 다르지만 언어도 아예 다르다. 이후 아시아계 이주민들이 많이 늘었다. 현재는 필리핀계가 원주민인 차모로인들보다 더 많다. 사이판 전체 인구는 약 5만여 명이고 원주민과 필리핀계 인구가 각각 30퍼센트 정도를 차지한다. 한국인은 약 2,000여 명이 거주 중이다.

사이판은 현재 미국령이다. 사이판은 제2차 세계대전 이후 UN 신탁 통치하에 미 해군이 통치를 하였는데 그 통치가 끝나면서 사이판 주민들은 미국 국민권을 받게 되었다. 하지만 아직 완전한 시민권은 받지 않은 상태여서 미국 대통령 선거권은 없다.

사이판은 영어를 사용하는 나라일까? 사이판의 공용어는 영어, 차모로어, 캐롤리니언어이다. 하지만 여기서 생활하면서 원주민이 사용하는 언어를 거의 듣지 못하였다. 30대 이상의 원주민 성인들은 차모로어를 할 줄 알고 가정에서 사용한다. 하지만 일상생활에서 영어를 사용하는 비중이 높다. 특히 젊은 세대는 학교에서부터 영어만을 사용하기 때문에 모국어가 영어가 되었다. 어린아이들의 경우에는 차모로어를 전혀 모르는 경우가 많다. 영어가 한 민족의 고유한 언어를 잠식해 가는 것을 보면 안타깝다. 차모로의 언어와 함께 고유한 생활양식과 문화도 과거에 갇혀 젊은 세대에게 외면받고 미국식 서구식 생활양식이 자연스럽게 스며들고 있는 추세이다.

학교나 공공기관에서는 영어를 사용하고 있다. 하지만 40대 이상의 원주민 성인들은 영어가 모국어가 아니기 때문에 그들만의 억양이 강하다. 하지만 나이가 젊을수록 사용하는 영어는 미국식 영어와 별반 다르지 않다. 사이판에서는 영어를 사용하지 않는 인구가 더 많다. 필리핀계를 비롯한 아시아계 사람들이 전체 인구의 절반을 차지하고 있다. 그래서 영어만큼이나 많이 들리는 말이 필리핀 타갈로그어다. 하지만 같은 민족이 아닌 이상 영어를 공용어를 사용하고 영어권 국가만큼은 아니지만 영어를 배우기에 충분한 환경은 갖추고 있다.

　사이판의 학교 교육은 미국식 학교 편제와 교육 과정을 따르고 있다. 사립과 국제학교는 미국 본토 출신 교사들이 많고 공립 또한 교사의 질이 우수하다. 학교의 원주민 학생들과 한국인을 비롯한 필리핀계 2세들은 영어를 모국어처럼 구사하므로 영어를 자연스럽게 익힐 수 있는 좋은 환경이다. 다문화 환경이라는 점도 아이들이 편하게 적응할 수 있도록 해 준다. 학교와 학생들은 다른 문화 다른 인종에 대해서 열린 마음을 가지고 있어 다른 영어권 국가에서 우려하는 인종 차별이 없다. 한국에서 영어 듣기와 읽기를 어느 정도 공부하여 사이판에 온다면 사이판 학교에서 공부하는 것만으로도 영어 실력을 많이 향상시킬 수 있다.

마리아나 미식 축제

　사이판은 면적이 적

어서 아이들과 심심하지 않을까 생각할 수 있지만 다양한 지역 행사들이 연중 열리고 있다. '마리아나 미식 축제(the Taste of Marianas)', '적십자 행사(Walkathon)', 다양한 마라톤 대회, 마리아나 문화 행사, 각 기관에서 열리는 행사 등이 있다. 사이판에서 어떤 행사가 있는지 어떤 소식이 있는지 알기 위해 페이스북에서 'Saipan Tribune' 신문 소식을 자주 접하면 좋다.

내가 생각하는 사이판의 장점

 사이판이 작은 섬이기 때문에 평상시에 눈여겨보지 않았다. 솔직히 어디에 있는지조차 잘 알지 못했다. 괌은 익숙하지만 사이판은 생소하기만 했다. 하지만 사이판에 대해서 알아보면 알아볼수록 참 괜찮은 곳이라는 생각이 들었다. 우연히 알게 되었지만 훌륭한 결정이었다고 생각한다. 내가 생각하는 사이판의 장점은 다음과 같다.
 우선 한국에서 가깝다. 의외로 한국에 가야 할 일들이 생긴다. 아이들이 아파서 병원에 가야 하거나 한국에 급하게 볼일이 생기거나 가족 행사가 있다거나 한다. 남편도 아이들이 보고 싶다고 두 달에 한 번 정도 사이판에 왔다. 처음 외국에 나갈 때는 방학 때만 보게 될 줄 알았는데 가족이 그리워서 자주 보게 된다. 4시간 30분 정도의 거리이니 주말이나 연휴를 이용해서 다녀와도 부담되지 않는다. 한국에서 부산 갈 때의 거리 정도라고 생각하면 될 것 같다.
 또 날씨가 좋다. 연중 기온이 비슷하다. 최고 기온은 27도~33도 정도의 수준을 유지한다. 1월과 2월이 제일 쾌적하다. 한낮에는 무척 덥지만 이른 아침과 늦은 저녁이 되면 시원한 바람이 부는 날이 많다. 시원한 바람을 맞으며 숙소 앞마당을 걸으면 태평양의 깨끗한 바람이 나를 정화시켜 주는 기분이다. 바람이 잘 통하는 집이라면 밤에는 에

어컨을 켜지 않고 창문을 열고 선풍기만 틀고 자도 시원하다.

날씨가 연중 따뜻하니 야외 활동 하기가 좋다. 해변은 어디서나 가깝기 때문에 가고 싶을 때 언제든지 바닷물에 몸을 담글 수 있다. 수영을 하지 않더라도 해변을 산책하고 모래놀이를 하며 아름다운 태평양의 바다와 하늘을 만끽할 수 있다. 날씨가 늘 따뜻하니 옷에 대한 부담도 적다. 1년 내내 여름옷을 입으니 옷을 많이 사지 않아도 돼서 좋다. 한국에서 짐 가져오기도 편하다. 나처럼 만사가 귀찮은 40대 아주머니에게 1년 내내 캐주얼한 티셔츠와 시원한 반바지로 생활할 수 있다는 것이 큰 행복이다. 물론 여기서도 세련된 분들은 액세서리와 하늘하늘한 원피스를 착용하고 멋지게 다니시지만 나는 날씨를 핑계 대며 편한 차림으로 생활할 수 있어서 너무 좋다.

사이판은 시골스럽고 소박하다. 하루는 아이들이 거실에 이부자리를 펼치더니 여기서 자고 싶다고 한다. 그렇게 거실에서 하룻밤을 자고 너무 좋았다고 오늘도 여기서 자도 되는지 묻는다. 뭐가 그렇게 좋았냐고 물어보니 천연 ASMR을 들을 수 있다고 한다. 천연 ASMR이란 밖에서 들리는 개 짖는 소리, 닭 우는 소리, 새소리, 바람에 야자수 잎이 흔들리는 소리……. 엄마들이 밤에 시끄러워서 잠을 못 자겠다고 타박하는 그 소리들이 아이들은 좋았다고 한다. 그러고 보니 시골집에서 들을 수 있는 그런 소리들이 정겹다는 생각이 들었다. 아이들을 어렸을 때 시골에서 키우고 싶다는 생각도 했었는데 사이판이 정말 시골 같은 곳이다. 자연을 가까이에서 많이 접할 수 있다.

깨끗한 자연 환경이 사이판의 가장 큰 장점이다. 사이판에 있다가 한국에 들어가면 화려한 도시의 모습에 인천공항에서부터 감탄사가 절로 나온다. 여긴 미래 도시야! 어쩌다 이렇게 촌스러운 사람들이 됐는지 모르지만 한국의 여기저기를 다니며 감탄하게 된다. 하지만 불편한 점이 있다면 공기의 질이다. 한국에 있을 때는 몰랐지만 사이판에서 지내다 한국에 오면 숨 쉴 때마다 먼지가 많다는 것이 확 느껴진다. 이런 얘기를 하면 친구들이 "요 근래 미세 먼지 수치가 정말 안 좋다가 최근 좋아진 거야!"라고 얘기한다. 좋아진 상태인데도 나는 숨 쉴 때 불편했다. 사이판은 태평양 한가운데 있는 작은 섬이고 바람이 많이 불어서 미세 먼지가 대기 중에 축적될 틈이 없다. 늘 태평양에서 불어오는 시원한 바람과 깨끗한 공기를 느낄 수 있다는 것이 큰 장점이다. 사이판에 온 이유가 아이의 아토피 때문이었는데 실제로 1년 이상 지내면서 눈에 띄게 많이 좋아졌다. 그 어떤 것으로도 고치지 못했던 아이의 아토피를 낫게 해 준 사이판의 바다와 바람 그리고 따뜻한 날씨가 너무나도 고맙다.

또 다른 사이판의 장점은 저렴한 학비다. 다른 나라들과 비교해 봤을 때 사립학교나 국제학교의 학비가 가장 저렴한 곳이다. 캐나다, 호주, 미국 본토, 말레이시아, 호주, 뉴질랜드, 필리핀 등등 많은 나라들의 학비들을 알아보았는데 사이판이 가장 저렴했다. 저렴하다고 해서 교육의 질이 떨어지는 것은 아니다. 아이들이 다녔던 SCS(Saipan Community School)의 경우 교장 선생님을 비롯해서 미국 본토에서 오신 선생님들이 대부분이신데 신앙심이 강하시고 교육에 대한 신념이 높은 분들이셔서 초등학교 과정에서 많은 것들을 배울 수 있었다. 학교 행사도 다양하고 가족 같은 분위기의 학교이기 때문에 아이들이 가고 싶어 하는 학교였다.

　사람들의 삶이 치열하지 않고 경쟁심이 높지 않으며 느릿느릿 여유가 있다는 것은 장점이 될 수도 있고 단점이 될 수도 있다. 한국에서 눈치 보느라 지쳤던 마음에 안식을 준다. 빠른 성과를 보여 주지 않으면 안 되는 조급한 사회에서 한 발자국 떨어져 보니 더 중요한 것은 나 자신과 내가 사랑하는 사람들이란 걸 느끼게 된다. 평화로운 마음을 얻게 되는 이곳이 나에게는 장점이다. 하지만 치열하지 않기 때문에 행정이 느리고 서비스가 부족하고 이해가 안 되는 부분들도 많다. 그런 불편함을 감수해야 하는 것은 사이판의 단점이다.

Lee's Comfort House의 블랙키와 함께

내가 생각하는 사이판의 단점

사이판의 물가는 높다. 작은 섬이다 보니 물자의 양도 많지 않다. 물건 재고가 떨어지면 다시 채워지는 데 시간이 걸린다. 겉보기에도 저렴해 보이는 플라스틱 재질의 생활 용품 가격이 만만치가 않다. 처음 사이판에 와서 생활용품들을 구입하는데 한국 다이소에서 싸게 구입할 법한 물건들이 가볍게 10달러를 넘어가는 것을 보고 깜짝 놀랐다. "뭐야? 이 빗자루 세트가 17달러야?" "이 쓰레기통은 뭐 최첨단인가? 왜 20달러를 넘지?" "플라스틱 컵 하나가 5달러?" 눈이 휘둥그레지는 가격이었지만 울며 겨자 먹기로 살 수밖에 없었다. 물건의 종류가 다양하지 않기 때문이다. 현지인들은 구하기 어려운 물건들을 아마존을 통해서 구입하기도 한다. 하지만 배송료도 만만치 않고 도착하는 데 시간도 많이 걸린다. 마트에 같은 물건이 늘 있는 것은 아니다. 한번 재고가 떨어지면 미국 본토나 한국이나 다른 지역에서 선박으로 운송 받을 때까지 기다림의 연속이다. 옛 코스트코인 조텐 스토어(Joten Superstore)에도 가전제품을 비롯해서 물건이 들어오고 얼마 안 있어 인기 있는 물건들은 일찍 빠져 버린다. 찾는 물건이 다시 들어올 때까지 몇 주는 기다려야 하는 일들이 발생한다.

시골스러운 사이판이 장점이 될 수도 있지만 단점이 될 수도 있다.

조용하게 생활하고 아름다운 자연에서 평화로운 시간을 보내고자 하는 사람들에게는 무척 좋은 곳이다. 하지만 대부분 한 달 살기를 하신 어머니들은 2주일이 지나기 시작하면 무척 괴로워하신다. 갈 곳이 없다는 하소연과 함께 말이다. 사이판은 3박 4일 관광 코스로 주로 오는 곳이다. 대표적인 관광지는 며칠 다니면 다 둘러보게 된다. 그다음부터는 아이들과 할 일이 없다고 하신다. 대형 쇼핑몰이 있는 것도 아니다. 면세점이 있기는 하지만 규모가 작다. 한국의 마트처럼 큰 마트가 있는 것도 아니다. 쇼핑도 할 수 없고 문화생활을 즐길 만한 공간도 없으며 마나가하는 이미 다녀왔다. 정말 이제 뭐 하지? 하는 고민이 시작된다. 도시 생활의 편리함과 윤택함을 좋아하시는 분들은 이곳에 오래 머무르는 것이 무척 괴로울 수 있다. 집콕을 좋아하고 평화로운 이곳이 너무나도 좋은 나도 때로는 답답함을 느낀다. 섬 밖으로 나가려면 비행기밖에 없다. 특별히 어디로 가야겠다는 생각은 없지만 사방팔방 막혀서 이곳에만 있어야 한다는 것이 심리적으로 답답함을 유발한다.

   사이판의 학교는 학비가 저렴한 것이 큰 장점이지만 그만큼 규모가 작다. 외국의 국제학교처럼 시설이 훌륭하거나 다양한 방과 후 활동을 제공하고 있지는 않다. 규모가 작다 보니 도서관이나 체육관, 식당, 과학실, 컴퓨터실, 수영장 같은 시설을 제대로 갖추지 않은 곳들이 많다. 외국의 국제학교는 예술, 운동, 어학, 수영, 요리, 만들기 등 아이들의 흥미에 맞춘 다양한 활동들을 제공한다. 이곳 학교도 4시 30분 정도까지 방과 후 활동이 있지만 늦게 일이 끝나는 부모들을 위해 아이들을 돌봐 주는 데 초점이 맞춰져 있다.

  선생님 채용에 있어서도 근무 조건이 좋지 않은 데다 사이판 자체가 무척 외진 곳이라 실력 있는 선생님들을 장기적으로 고용하기가 쉽지 않다. 특히 중고등부 선생님들은 전문성을 갖춰야 하는데 그런 분들을 모시기에는 학교의 경쟁력이 높지 않다. 그런 이유로 많은 사립학교들이 미국 본토 선생님보다는 필리핀계 선생님들을 주로 고용하고 있다. 이런 문제들로 아이들이 배우는 과목이나 활동에 대해서 실망하시는 부모님들이 주변에 계신다.

  사이판은 우리나라 안면도 정도의 면적으로 크기가 작은 섬이다. 낮은 건물들이 주로 있고 그나마 있던 많은 가게와 회사들도 코로나 이후로 문을 닫으면서 길가에 폐가 건물들도 많다. 분명 관광 책자에서는 아름다운 휴양지 사진만 보았는데 직접 와서 보면 깜짝 놀라게 된다. 본인도 한 달 살기로 왔을 때 첫날 흉물스러운 폐가와 열악한 도로 상태, 길을 배회하는 많은 개들을 보며 집으로 돌아가고만 싶었다. 우리가 기대한 것은 아름다운 휴양지였는데 실상은 그렇지 않은 것이다. 어떤 분들은 한국의 80년대 같은 분위기라고 하시는 분들도 계신다. 실제로 거리에서 부서지기 일보 직전

마리아나 문화의 날 행사

의 차들이 보이고 심지어 깨진 창문을 비닐로 씌우거나 차 문도 없이 달리는 차들이 있다. 생수통을 어깨에 짊어지고 가는 분들도 심심찮게 보인다. 「응답하라 1988」 시대로 돌아간 기분까지 든다. 아름답고 으리으리한 건물은 호텔이나 리조트 백화점 같은 일부 건물들이고 대부분은 많이 낙후되었다는 것을 미리 각오하면 그만큼 실망도 줄어들 것이다. 대신 사이판이 보여 주는 아름다운 자연에 일찍 눈을 떠 보자.

한국과 사이판의 다른 문화

한국과는 다른 사이판의 문화 때문에 깜짝깜짝 놀라기도 한다. 많은 것들이 있겠지만 기억나는 것들에 대해서 몇 가지 얘기해 보겠다.

쓰레기 처리 문제

여기서는 쓰레기를 분리수거하지 않는다. 음식물 쓰레기도 따로 배출하지 않는다. 나도 모르게 햇반 플라스틱 그릇을 씻다가도, 참치 캔을 헹구다가도 정신이 번쩍 든다. 여기는 한국이 아니지! 재활용 쓰레기를 따로 배출하지 않고 모두 쓰레기로 배출하기 때문에 씻거나 헹굴 필요가 없다. 하지만 습관이 무섭다고 나도 모르게 음식 묻은 재활용 쓰레기를 씻고 있을 때가 있다. 음식물 쓰레기도 함께 버릴 때 뭔가 죄를 짓고 있다는 느낌이 든다. 쓰레기를 처리하는 것은 아주 편리하지만 그만큼 쓰레기가 많이 나온다. 아름다운 사이판 해변에 쓰레기들이 쌓여 가는 것을 볼 때마다 많이 안타깝다.

현지 교민이 조언을 해 준 적이 있다. 비가 많이 온 다음 날에는 바다에 가지 말라고. 비가 많이 와서 하수도 물이나 폐수가 역류하여 바다로 많이 흘러간다고 한다. 바닷물에 독소가 많이 있을 수 있다는 것이다. 일리 있는 말이라는 생각이 들었다. 환경을 오염시키면 그 피해는 우리에게 우리 자손들에게 고스란히 전가될 것이다. 사이판이 소중한 아름다운 자연을 적극적으로 보호하려는 노력을 하면 좋겠다.

다른 인사법

현지인들과 인사 방식이 달라 어색할 때가 있다. 한국에서 고개를 숙여 인사하는 것이 몸에 배어 있어서 외국인에게 인사할 때도 고개가 저절로 숙여진다. 외국에서는 어른이든 아이든 모두 손을 흔들며 "Hello!"라고 인사한다. 왜 고개를 숙여 인사하지? 어색하게 바라보는 분들도 계시고 아시아의 인사법을 아는 분들은 얼른 고개를 숙여 함께 인사해 주기도 한다.

반대로 예전에 한국 학교에서 같이 일하던 미국인 선생님은 교장 선생님이든 연세 드신 선생님이든 모두에게 손을 흔들며 "Hello"라고 인사하는 것이다. 너무 깜짝 놀라서 어떻게 말해 줘야 하나 걱정을 했다. 하지만 예의 바르고 눈치가 빠른 그 선생님은 금방 인사법을 고쳐 어른들께는 고개 숙여 인사하기 시작했다. 현지의 문화를 배려해 주는 그 친구가 참 마음에 들었다. 우리도 처음에는 어색하겠지만 현지인들에게 손을 흔들며 인사하는 습관을 길러 보자.

걸어서 등교하지 않는다

길에 걷는 사람들이 많지 않다. 날도 덥지만 대중교통 수단이 발달하지 않아 아무리 가난한 사람이라도 웬만하면 자동차를 운전한다. 학교에 걸어서 등교하는 아이들도 많지 않다. 공립학교는 스쿨버스를 이용하고 사립학교는 부모님이 자동차로 데려다주고 데리러 간다. 등 굣길과 하굣길에 학교 주변에는 늘 많은 차들이 길게 줄을 서서 아이들을 내려 주고 태워 준다.

식당 브레이크 타임

음식점을 갈 때는 미리 갈 시간을 계획하는 것이 좋다. 왜냐하면 보통 음식점들은 브레이크 타임이 있기 때문이다. 일반적으로 식당들은 점심시간과 저녁 시간에 문을 연다. 대개 점심시간은 11시~2시, 저녁시간은 5시~9시 사이이다. 2시가 다가오면 곧 주문을 종료한다고 알려 준다. 점심 식사를 하러 1시 넘어서 가게 되면 충분히 음식을 즐기지 못하고 나와야 한다. 브레이크 시간이 언제인지 미리 확인하고 일찍 식사하러 가는 것이 좋다.

상점, 도서관, 공공기관, 박물관 등은 우리나라와 다르게 운영하는 날, 운영하는 시간이 일정하지 않다. 보통 오후에는 일찍 끝나는 경우도 많다. 구글 지도 등을 통해 운영하는 시간을 확인하고 가는 것이 헛걸음치는 것을 예방할 수 있다.

카드 취소가 힘들다

상점, 커피 전문점 등에서는 한번 카드로 계산을 하면 취소가 안 되는 경우가 대부분이다. 그래서 계산하기 전에 한 번 더 신중하게 생각할 필요가 있다. 커피 전문점에서 계산을 하고 메뉴를 변경하고 싶어서 취소하려 했는데 한번 계산한 것은 취소가 안 된다고 해서 당황했었다. 아는 분은 경찰서에서 운전면허 시험 비용을 결제했는데 시험이 취소가 돼서 결제를 취소해야 하는 상황이었다. 그런데 경찰서에서 결제 취소가 안 된다고 해서 돈을 환급받기 위해 여러 곳을 다녀야 했다. 다행히도 자주 이용하게 되는 조텐쇼핑센터(Joten Shopping Center)의 경우에는 물건에 하자가 있을 경우 쉽게 결제를 취소해 준다.

최소 결제 금액(Minimum payment)

신용카드로 결제할 때 최소 결제 금액을 설정해 놓는 상점이 많다. 보통 5달러 이상 카드로 계산할 수 있다. New XO마트의 경우에는 10달러였다. 물 하나 사러 갔다가 현금이 부족해서 울며 겨자 먹기로 어쩔 수 없이 다른 것도 같이 사야 했다. 한국에서는 현금이 거의 필요하지 않지만 사이판에서는 의외로 현금이 필요한 경우가 많다. 최소 결제 금액 이하의 소액 구매를 할 때, 세탁기 기계에 동전을 넣어야 할 때 등이다. 스낵바 같은 간이식당 같은 경우에는 카드를 받지 않는 경우도 많다. 지갑에 현금을 지니고 다니는 것이 좋다.

운전 관련 문화

운전을 천천히 하시는 분들이 많다. 끼어들기도 급하게 하지 않는다. 어쩔 때는 끼워 주려고 차를 멈추고 기다리는데도 빨리 들어오지 않는 경우도 많다. 그럴 때는 좀 더 기다려 보자. 정말 끼워 주려는 마음이 있는 건가 살펴보는 것이다. 한국에서 저렇게 하다가는 평생 못 끼어들 텐데 싶을 때가 많다. 로마에 왔으면 로마법을 따르는 법. 운전하다 답답한 순간도 많겠지만 여유 있게 운전하고 기다려 주자.

우리처럼 비상등을 여러 가지 의미로 사용한다. 특히 많이 사용하는 경우는 차를 멈출 경우이다. 보행자가 길을 건널 때, 스쿨버스가 빨간 불을 깜박이며 멈출 때, 개가 길을 건널 때 등등 도로에서 운전하다가 멈춰야 하는 상황에서 비상등을 켠다. 그리고 끼어들려고 대기하는 차가 있을 때 양보의 의미로 차 비상등을 깜박인다. 우리처럼 미안하거나 고마울 때 의사 표현의 도구로 깜빡이를 사용하기도 한다.

넓은 중앙선이 있는 곳은 좌회전을 위해 대기할 수 있는 곳이다. 그런데 차가 지나가고 있는데 넓은 중앙선으로 갑자기 진입하는 차들이 있다. 나도 처음에 이런 일을 겪었을 때 깜짝 놀란 적이 있었다. 하지만 나중에 갑자기 끼어들려는 것보다 상황 봐서 끼어들기 위해 대기하는 것이라는 것을 알게 되었다. 중앙선에서 대기했다가 차가 지나가고 안전거리가 확보되면 차선으로 진입하는 것이다. 놀라거나 갑자기 차를 멈출 필요 없이 천천히 곁을 지나가면 된다.

음식과 관련된 문화

식당에 가면 늘 음료는 뭘 주문하는지 묻는데 참 부담스럽다. 한국인들은 식사할 때 물을 마셔서 음료는 필요하지 않은데 말이다. 하지만 음료를 주문하라고 하니 뭘 꼭 주문해야 할 것 같은 분위기다. 어쩔 수 없이 처음에는 음료를 주문했지만 나중에는 "Three waters please."라고 당당하게 얘기한다. 자꾸만 어떤 음료를 주문할 것인지 묻는 이유는 이곳 현지인들은 늘 음료와 함께 식사를 하기 때문이다. 보통 현지인들은 주로 식사할 때 아이스티를 즐겨 마신다.

이곳 사람들은 가족들이나 친구들과 파티를 즐겨 한다. 특히 바닷가에서 바비큐 파티 하는 것을 좋아한다. 커다란 차에 거대한 파라솔이며 테이블이며 의자까지……. 마치 이삿짐 차량처럼 싣고 와서 해변에 자리를 잡는다. 밥솥, 갤런 물통은 기본이고 온갖 종류의 음식까지 준비해 온다. 스피커까지 준비해서 시끌벅적하게 음악을 틀어 놓고 어른들은 맥주를 마시며 흥겹게 대화를 나누고 어린아이들은 해변에서 신나게 논다.

슈가덕 비치(Sugar Duck Beach)에는 바비큐를 해 먹을 수 있는 장소들이 있다. 우리도 아는 분들과 슈가덕 비치에서 고기를 구워서 함께 가져온 음식들을 나눠 먹은 적

위너스 레지던스에서의 바비큐 파티

이 몇 번 있다. 정말 재미있는 시간을 보냈다. 현지인분들이 왜 바비큐 파티를 즐기는지 이해가 갔다. 아름다운 자연 환경에서 먹으니 고기도 라면도 김치도 모두 맛이 기가 막히다. 위너스 레지던스(Winners Residence)에도 바비큐를 해 먹을 수 있는 큰 장소가 따로 있다. 의자와 테이블이 잘 갖춰져 있고 바비큐 도구들도 잘 갖춰져 있다. 예쁜 조명으로 인테리어도 잘 되어 있어서 분위기도 참 좋다. 부모님과 동생 가족이 여행 왔을 때 함께 바비큐 파티를 했는데 좋은 추억이 되었다. 물론 더운 데서 고기를 굽는다는 것이 쉬운 일이 아니다. 사이판에 온다면 좋은 사람들과 함께 바비큐 파티를 하면서 잊지 못할 사이판의 추억들을 만들어 보자. 단 숯불에 불을 잘 붙이고 고기 잘 굽는 사람을 꼭 영입할 필요가 있다.

한국과 다른 사이판의 단위

사이판에서 사용하는 길이, 크기, 무게, 기온 등 수량을 나타내는 단위는 미국과 동일하다. 우리나라와 다른 단위를 사용하다 보니 많이 헷갈리고 적응이 되지 않는다. 사이판에서 사용하는 단위를 정리해 보았다.

길이의 단위

1 In.(인치) = 2.54cm
1 Ft.(피트) = 30.48cm
키를 피트와 인치로 나타낸다. 예를 들면 키 160은 약 5 Ft. 3 In.가 된다. 키가 180 정도 되는 남자는 약 6 Ft.이다.

부피의 단위

1gal(갤런) = 약 3.8L
1oz(온즈) = 약 30㎖
1pint(파인트) = 약 473㎖
1qurt(쿼터) = 약 950㎖
우유나 음료를 살 때 가장 많이 사용하는 단위이다.
1gal = 4quart = 8pint 이렇게 기억하면 편리하다.

무게의 단위

1oz(온즈) = 약 28g

1lb(파운드) = 약 450g

고기를 살 때 파운드 단위로 판매한다.

온도의 단위

32℉(페런하이트)= 0℃

75.2℉ = 24℃

86℉ = 30℃

212℉ = 100℃

화씨온도를 섭씨온도로 바꿀 수 있는 간단한 계산이 없다. 감으로 기억해야 하기 때문에 어렵다. 더운 날씨는 86℉ 정도이고 에어컨을 틀 때는 보통 75℉ 정도에 맞춘다.

속도의 단위

1 mile(마일) = 약 1.6km

자동차의 계기판도 마일로 되어 있다. 사이판 도로에서는 속도 제한이 35마일로 되어 있는 표지판이 자주 보인다. 보통 35마일 즉 35mile/h로 달린다. km로 환산하면 약 시속 56km이다.

사이판에서 구입해도 괜찮은 준비물

생활용품

멀티탭, 다양한 크기의 반찬통, 접시와 그릇, 채반, 찜기, 믹싱 볼 등의 주방 용품, 빨래 건조대, 청소용 밀대, 진공청소기, 밥솥, 냉장고, 전자레인지, 선풍기, 에어프라이어 등등.

가전제품은 110볼트를 사용하므로 이곳에서 구입하는 것이 좋다. 단 밥솥과 에어프라이어는 220볼트를 사용할 수 있는 집이라면 한국에서 구입하는 것이 좋다.

내가 지냈던 위너스 레지던스는 220볼트와 110볼트 콘센트가 모두 갖춰져 있어서 한국에서 밥솥을 사서 컨테이너로 보냈다. 가전제품과 생활용품은 단기간 이용할 예정이므로 새것으로 사는 것보다 한국인들이 사용하는 중고 거래 채팅방에서 중고로 구입하는 것이 좋다. 중고 제품을 판매하는 가게도 있으니 방문해 보자. 새 제품은 조텐 스토어(Joten Superstore)에서 구입할 수 있는데 미국 본토에서 들여오는 것이라 가격도 비싸고 물건이 많지 않다. 선풍기는 Home and Plus 생활용품 판매점이나 New XO Mart 같은 곳에서도 판매한다. 진공청소기는 수수페 Ace Hardware에서도 판매한다.

냄비나 프라이팬은 한국에서 구입해서 컨테이너로 보내도 되고 사이판에서 구입해도 괜찮다.

학교 준비물

새 학기가 시작하기 전에 공지사항으로 준비물을 안내한다. 준비물 이름이 생소한 것들이 많다. 한국과 다른 학용품을 사용해서 어떤 것이 맞는지 찾기가 어렵다. National Office Supply나 Modern Office Supply를 방문해서 직원들에게 물어보면서 찾는 것이 좋다.

참고로 2024학년도 SCS(Saipan Community School) 4학년 5학년 새 학기 준비물을 예로 들면 다음과 같다.

1 Pencel Case

1 Pack of Erasers

1 Pack of Color Pencils

1 Pencil Sharpener w/top to collect shavings

1 Red Ballpen (for corrections)

1 Bottle of Glue or 1 Glue Stick

1 Plastic Ruler

1 Plastic folders (2 Pocket)

1 Pack of Sanitizing Wipes

1 Box Kleenex or tissues

1 Bottle hand sanitizer-8oz or Larger

1 Pack of Index Cards "3 In. × 3 In."

2 Notebooks-Wide ruled

Earbuds or headphones for ipad

Lysol wipes

Concert Ukulele with case

 ## 한국에서 미리 가져가면 좋은 물품들

1년 살기를 기준으로 준비물들을 정리해 보았다. 한 달 살기의 경우에는 숙소에 대부분 물건들이 구비되어 있기 때문에 의류, 수영 용품, 구급약품, 음식 등 필요한 것만 취사선택해서 준비하도록 한다.

위너스 레지던스(Winners Residence)에서는 컨테이너 선박으로 한국에서 사이판으로 많은 물건을 운송한다. 위너스 레지던스 오피스에 부탁을 해서 **냄비, 이불, 그릇, 압력밥솥, 디지털 피아노, 책, 장기 보관 가능한 음식** 등을 운송 스케줄에 맞춰 보냈다. 도착하는 데 걸리는 시간은 2주 정도이다. 무거운 물건들을 미리 보내서 일을 한결 줄일 수 있었고 질 좋은 물건들을 한국에서 미리 구입하여 사이판에서 돈 드는 일을 줄일 수 있다. 물론 선박으로 물품을 보내는 것도 돈이 적게 든다고 볼 수는 없지만 사이판에서 모두 구입하는 것보다는 훨씬 이익이다. 커다란 상자 7개 정도를 보냈는데 그 당시 운송비가 총 250달러 정도 나왔다. 위너스 레지던스 거주자가 아니라면 다른 무역 회사들을 통해 사이판으로 물품을 미리 보낼 수 있으니 알아보도록 하자.

학교 준비물

• 악기

SCS(Saipan Community School) 학교를 다닐 경우 4학년 이상부터 음악 밴드 활동을 하므로 자신이 연주할 악기를 미리 준비해 온다. SCS의 관악기 위주의 밴드에 참여하고 싶다면 미리 몇 달만이라도 플루트, 클라리넷, 트럼펫 등의 관악기 기초 정도를 배워 오면 좋다. 밴드를 하면서 악기를 처음 배우는 학생들도 있다. 노력파 학생이라면 밴드 활동을 꾸준히 하면서 실력을 많이 키울 수 있다. 관악기가 아니더라도 우리 첫째처럼 타악기 주자로도 참여할 수 있다.

사이판에서 피아노를 계속 배울 예정이라면 가벼운 디지털 피아노를 구입해서 배로 미리 보낼 수 있다. **SCS에서는 보통 모든 3, 4학년은 리코더가 필요하고 5학년~8학년은 우쿨렐레가 필요하니 한국에서 미리 구입하도록 하자.**

악기가 고장 나거나 악기를 구입해야 할 때 미들 로드에 있는 악기점인 CellCorea 매장을 방문해 보자.

• 핼러윈 의상 또는 소품

학교에서 캐릭터데이나 핼러윈 행사를 하거나 야외에서 Trick or Treat 활동을 할 때 필요하다. 사이판은 물자가 부족하므로 한국에서 미리 준비해 오는 것도 좋다.

- 한복

문화의 날 행사 때 학교에서 한복을 입는다. 1년에 한 차례이지만 가방에 자리가 남는다면 가져가는 것도 나쁘지 않다.

아이들 준비물

필통(연필, 지우개 등의 학용품) 사인펜, 색연필, 연필깎이, 아이들이 읽을 책, 보드 게임류, 책가방, 보조 가방, 도시락 가방(보냉이 가능한 가방이 좋음, 다이소에서 판매함), 보냉 물통, 국어·수학·사회·과학 교과서, 수학 문제집, 줄넘기, 리코더, 우쿨렐레, 접이식 캠핑 테이블

숙소에 책상이 충분하다면 접이식 캠핑 테이블은 필요 없지만 내가 있는 숙소는 책상이 하나여서 밥상같이 바닥에 놓고 공부할 때 쓰려고 구입하였다. 여러 가지 용도로 잘 활용하였다.

사이판에서 운동을 하는 경우가 많다. 배드민턴, 테니스, 골프를 배울 경우에 운동 기구들을 한국에서 사 오는 것이 품질도 좋고 가격도 저렴하다.

노트북 및 관련 준비물

노트북, 스피커, 마우스 등의 노트북 관련 기기, USB 포터, 아이패드나 태블릿, 외장하드, 핸드폰 충전선, 핸드폰 무선 충전기, 이어폰, 물놀이용 핸드폰 방수 케이스, 현지용 핸드폰

나의 경우 한국에서 사용하지 않는 핸드폰 기기를 가져와서 IT&E에 방문해 현지 핸드폰을 개통했다. 가장 저렴한 요금제로 신청했는데 매달 26달러 정도의 돈이 든다. 많이 사용하지는 않지만 현지인들 또는 학교와 연락할 때는 현지 핸드폰이 필요하다.

한국 핸드폰은 SKT 사이판 국내처럼 요금제를 사용하여 로밍을 하니 국내 요금과 같고 국내 요금제와 같은 조건으로 계속 이용할 수 있다. 단 통화는 인터넷을 기반으로 하는 'Baro통화'를 이용해야 한다. SKT를 이용할 경우 T멤버십을 이용하여 할인 혜택을 받는 경우가 제법 많다. 대표적인 곳이 조텐마트이다. 조텐마트에서 적은 금액이지만 조금이라도 할인받을 수 있다.

음식 관련 준비물

김가루, 육수 팩, 유기농 설탕, 죽염 소금, 김밥용 발, 김치, 삼각김밥용 김과 틀, 대용량 진미채, 고춧가루, 멸치, 육수 알 등등

장기 보관이 가능한 음식을 준비한다. 육류는 반입이 금지되어 있다.

수영 스노클링 관련 준비물

래시가드(긴팔 긴 바지), **플랩캡**(물놀이용 모자), **물안경, 스노클링 장비, 비치타올, 아쿠아 슈즈, 구명조끼, 선크림, 쿨링 백**(물놀이 갈 때 물이나 음식을 보관하는 용도이다. 다이소에서 판매한다.)

생활용품

여름 이불, 베개, 베개 커버, 침대 커버, 문틈방지 테이프(해충 차단), **우산, 손톱깎이, 빗, 드라이어, 돗자리, 빨래집게, 빨랫줄, 세탁 망, 110**

볼트용 돼지코, 선글라스, 빨랫비누, 실과 바늘, 냉장고 자석(냉장고에 아이들 작품이나 학교 안내장을 붙여 놓을 때 유용하다.), **냉장고용 화이트보드와 보드 마커**(중요한 내용이나 장보기가 필요한 물건을 기록한다.), **박스용 테이프, 맥스포스 바퀴벌레 약, 바퀴벌레 약 설치 트랩, 신기패**(해충 기피 분필), **머리카락 테이프와 리필, 수건 10장 정도, 매직블록**(오래되고 기름진 얼룩 제거용), **침대 진드기 제거 시트, 수세미**

안경 쓰는 사람: 안경 여분(안경 쓰는 사람에게 필요하다. 오래된 쓰지 않는 안경이 있다면 여분으로 가져오자. 여기서 안경이 망가지면 새로 맞추는 데 시간도 걸리고 돈도 많이 든다.), 안경 드라이버, 안경 케이스, 안경닦이

주방 용품

스테인리스 컵, 스테인리스 밥그릇, 앞치마, 보온 죽 통 (도시락으로 볶음밥이나 떡볶이, 덮밥을 싸 줄 때 유용하다.), **수저, 주방가위, 칼, 종이호일, 물병 세척 솔, 틈새 세척 솔, 빨대 세척 솔, 감자 껍질 벗기는 칼, 고무장갑, 물통 거치대**

물통 거치대는 갤런 물을 주문해서 요리용으로 사용할 때 필요하다. 거치대에 뒤집어서 사용하기도 하고 요즘에는 물통을 뒤집을 필요 없이 원터치식으로 물을 조절할 수 있는 편리한 기기도 있다.

압력밥솥이나 에어프라이어는 220볼트를 사용할 수 있는 집이면 구입해서 컨테이너로 보내도 좋다. 맛있는 밥을 먹는 것만으로도 삶의 질이 높아진다. 에어프라이어는 냉동식품을 조리하거나 빵을 구울

수 있고 고기를 요리하는 등 다용도로 사용할 수 있어서 편리하다.

생활용품과 주방 용품은 한국에서 구입해 오지 않을 경우 아이러브사이판(I Love Saipan) 미들로드점, 조텐 쇼핑센터(Joten Shopping Center), 뉴 엑스오 마트(New XO Mart), 홈 앤드 플러스(Home and Plus) 매장 등에서도 구입할 수 있다.

세면도구 및 화장품

물티슈(현지에도 물티슈를 팔지만 기존 사용하던 제품을 쓰고 싶다면), **여행용 티슈, 보디 워시, 샴푸, 로션, 알로에 젤**(피부가 햇빛에 많이 노출되었을 때 진정 효과가 있다.), **샤워 타올, 샤워 필터**(녹물 제거용 샤워 필터는 필수, 1달에 1번 정도 교체가 필요하다.), **강력 흡착 행거**(화장실이나 부엌 타일에 붙여서 물건을 걸어 둘 때 유용하게 사용할 수 있다.), **비누, 세안용 헤어밴드**

신분증 및 금융 관련 준비물

한국 지갑(한국 돈, 사이판에서 사용하지 않는 카드들 보관), **한국 운전면허증**(사이판 운전면허증을 발급받기 전까지 필요하다.), **은행 관련 OTP나 보안카드, 사이판 지갑**(사이판에서 사용하는 카드, 미국 돈), **미국 돈 1,000달러 정도**

초기에 필요한 미국 돈을 한국에서 환전해 가자. 사이판 생활에 어느 정도 익숙해졌다면 생활하면서 환전할 수 있는 방법이 많다.

사이판에서는 트래블월렛 카드를 유용하게 사용하였는데 대부분의 가게에서 수수료 없이 결제가 가능하였다. 또한 2024년 4월 기준 Bank of Hawaii ATM에서 수수료 없이 현금 인출이 가능하다. 주의할 점은 처음에 Personal Identification Number(비밀번호)를 6자리 누를 때 설정해 둔 4자리 비밀번호에 숫자 0을 두 번 더 눌러야 한다. 나의 경우 0을 누르지 않고 계속 시도하다 더 이상 현금 인출을 할 수 없게 되었다. 나중에 알고 보니 트래블월렛 카드 앱에서 문제를 해결할 수 있었다. 'Please select the type of transaction'이라는 문구가 나오면 Withdrawal(인출) 버튼을 누른다. 인터넷에서 Withdrawal 단어를 몰라서 인출에 실패했다는 글들도 심심찮게 보인다.

몇백 달러 정도의 적은 돈은 한국인 중고거래 채팅창에서 환전이 필요한 사람과 직접 거래하는 경우도 많다. 이곳에 사는 교민들 중에 한국 돈이 정기적으로 필요한 분들이 계시다. 큰돈을 거래하는 경우에는 안전에 주의할 필요가 있다.

입출국 관련 준비물
여권, I-20, 공항 입국 심사 받을 때 필요한 서류들

I-20(입학 허가증)의 경우 이름 등의 기본 정보가 정확한지 꼭 확인한다. 학교에서 실수해서 발급하는 경우가 많은데 입국 심사 할 때 애를 먹을 수 있다. 사이판에 입국했다 다시 한국에 방문할 때는 교장 선생님께 I-20에 꼭 사인을 받도록 한다. 한번 사인을 받으면 유효 기간이 1년이다. 1년이 지나면 새로운 사인을 받아야 한다.

입국 심사를 받을 때 자녀가 학생 비자가 있다면 무난하게 통과하지만 엄마가 관광 비자로 심사를 받을 때 까다롭게 묻거나 관련 서류를 요구하는 경우가 있다. 이를 대비하기 위해 **숙소 예약증, 영문 가족관계증명서, 남편과 나의 영문 재직증명서 등을 준비하는 것이 좋다**. 혹시 돌아가는 비행기 e-ticket이 필요한 경우 입국 심사를 위해 예약하고 당일 취소를 해서 취소 수수료를 물지 않는 방법도 있다.

한 달 살기로 오는 경우 학교를 등록하더라도 아이들도 관광 목적으로 입국하는 것이다. 입국의 목적을 아이들 영어 공부나 학교에서 공부하는 것으로 얘기하면 장기 거주로 오해를 살 수 있으니 얘기하지 않는 것이 좋다.

여권 분실을 대비해서 여권 사본과 여권 사진 2장 정도를 미리 준비하는 것이 좋다.

의료용품

체온계, 마스크(감기에 걸렸을 때 필요하다.), **방수 밴드, 일반 밴드, 감기약, 해열제, 소화제**(백초를 추천한다), **지사제, 면봉, 결막염용 안약, 벌레 물린 데 바르는 약, 모기 기피제, 뿌리는 소독약, 타이레놀, 화상 연고, 상처 연고, 유산균, 오메가3 등의 개인 영양제, 반창고 등**

의류 관련 준비물

운동화(학교에서는 운동화만 신는다!), **크록스, 양말, 검정 구두 또는 검정 운동화**(음악 공연이 있을 경우에 여학생은 보통 검정 구두를 신고 남학생은 검정 구두나 검정 운동화를 신는다.), **흰색 상의와 검정색 하의**(음악 공연을 하게 될 경우에 무대 의상), **여름 상의와 하의, 긴 바지**(하이킹을 갈 경우 필요하다.), **얇은 긴팔 잠바나 긴팔 집업 후드 티**(비가 오는 날 학교 에어컨 바람이 차갑다. 감기 걸렸을 때도 입으면 좋다.), **속옷, 민소매, 손수건**

늘 가지고 다니면 좋은 물건

아이들은 내 가방에서 다양한 물건들이 적재적소에서 튀어나오는 것을 보고 도라에몽 주머니냐고 한다. 아래 물건들은 외출할 때 자주 쓰이는 물건들인데 많이 무겁지 않아서 늘 가방에 들고 다닌다. 덕분에 모양 빠지게 큰 가방을 메고 다니고 어깨가 아픈 게 흠이지만 말이다.

벌레 물린 데 바르는 약, 모기 기피제, 방수 밴드, 일반 밴드, 휴대용 물티슈, 휴대용 휴지, 머리끈, 휴대용 선크림, 모자, 휴대용 우산, 물

 공항 이용할 때 주의할 점

    사이판에 갈 때 주로 이용하는 항공사는 제주항공과 티웨이항공이다. 제주항공과 티웨이항공은 매일 사이판으로 가는 노선을 운영 중이다. 저가 항공 두 곳이 매일 운항을 하므로 다른 외국에 비해서 이동이 매우 편리하고 1인당 왕복 40만 원~60만 원 정도의 비용으로 저렴한 편이다. 비행기 탑승 시간은 약 4시간 30분 정도이다. 전에는 아시아나도 취항을 했었는데 24년 5월 기준 현재 아시아나항공은 사이판 노선을 운영하고 있지 않다. 제주항공과 티웨이항공 모두 인천공항 제1터미널에 카운터가 있다.

2024년 현재 한국에서 사이판에 갈 때

제주항공 2개 노선
매일 오전 9시 30분 출발 → 오후 3시 10분 도착
매일 밤 10시 10분 출발 → 새벽 3시 40분 도착

티웨이항공 1개 노선
매일 밤 8시 30분 출발 → 새벽 2시 10분 도착

사이판에서 한국으로 갈 때

제주항공 1개 노선
매일 오후 4시 10분 출발 → 저녁 7시 45분 도착

티웨이항공 1개 노선
매일 새벽 2시 15분 출발 → 아침 6시 10분 도착

　시차는 사이판이 한국보다 한 시간 빠르다. 시차를 감안했을 때 비행기 탑승 시간은 4시간 30분이지만 한국에서 사이판으로 갈 때 시간차가 더 크다. 항공편 시간은 계속해서 달라질 수 있으며 두 항공사 모두 성수기 때는 일시적으로 항공편을 더 운행하기도 한다.
　새벽 비행기가 보통 낮 비행기보다 저렴하다. 짧은 시간을 잘 활용하고 싶은 사람들은 새벽 비행기를 이용해 쉬면서 올 수 있다. 어린 자녀가 있거나 밤에 이동하는 것이 불편할 경우에는 낮 비행기를 이용한다.
　공항에서 숙소로 이동할 경우에는 대부분의 숙소가 차량을 제공하므로 공항 픽업을 미리 예약하도록 하자. 혹시 숙소에서 차량 제공을 하지 않을 경우에는 숙소에 택시 예약을 부탁하도록 하자. 항공권을 구입할 때 무조건 빨리 예매한다고 해서 저렴하지는 않다. 연휴, 한국 방학, 사이판 방학, 연말 등 성수기에는 3~5개월 전에 일찍 예매하는 것이 저렴하다. 하지만 늘 좌석이 있는 비수기에는 일찍 예매하면 오히려 가격이 비싸고 한 달 전쯤에 예매하는 것이 저렴하다.
　수화물 크기, 무게, 실을 수 있는 물품에 대한 규정과 기내 반입 물

품에 대한 사항은 항공사마다 다르므로 꼭 항공사 홈페이지를 이용해서 미리 확인하도록 한다. 보통 기내 반입 캐리어의 무게는 10㎏ 미만이고 노트북이나 가방 같은 다른 개인 물품 하나까지 허용한다. 수화물은 23㎏ 하나까지 가능하다. 수화물 무게를 초과할 경우에는 오버차지 금액이 60달러 정도가 부과된다. 수화물을 항공사 홈페이지에서 미리 추가 구매할 경우 45,000원(사이판에서는 45달러)이지만 공항에서 추가할 경우에는 6만 원(사이판에서는 60달러)을 지불해야 하므로 수화물이 많아질 경우 미리 온라인으로 구매하는 것이 좋다.

기내 물품에 물, 음료수, 화장품, 샴푸 등 100㎖가 넘는 액체류가 있을 경우 공항 보안 검색대를 통과하지 못하므로 수화물 가방에 넣도록 한다. 수화물에는 보조 배터리나 배터리가 내장되어 있는 노트북, 아이패드 등을 넣을 수 없다. 전자기기에 배터리가 있는 경우 배터리를 따로 분리해서 실어야 한다. 그 외의 자세한 수화물 규정에 대해서는 항공사 홈페이지를 참고하도록 하자.

기내식은 3일 전까지 항공사 홈페이지를 통해 예약 및 취소가 가능하다. 제주항공을 주로 이용하였는데 한국에서 사이판에 갈 때 음식이 반대 노선보다 더 맛있다. 나의 경우에는 기내식으로 비빔밥을 제일 좋아한다. 기내식 대신 외부 음식을 포장해 와서 먹는 것도 괜찮다.

1년 살기의 경우 수화물의 양이 많아진다. 수화물의 경우 큰 캐리어를 이용하는 것보다 이민 가방을 사용하는 것이 좋다. 헝겊 재질이라 물건을 더 많이 넣을 수 있고 무게도 가볍다. 이민 가방을 고를 때는 바닥이 넓을수록 좋고 바닥을 지탱하는 플라스틱 소재가 10㎝ 정도 위로 올라온 것이 안정적이다. 큰 바퀴가 6개 달려 있는 가방이 끌 때 편하고 튼튼하다. 방학이나 휴가 기간 등 의외로 한국에 다녀갈 일들이 생기므로 튼튼한 이민 가방을 구입하는 것이 좋다.

  비행기 탑승 시간은 4시간 30분으로 다른 나라에 가는 것보다 짧은 시간이다. 하지만 좁은 비행기에서 많이 움직이지 못한 채로 불편하게 오래 앉아 있는 것은 고역이다. 아이들도 부모도 비행기에서 즐겁게 할 만한 것들을 준비해 가면 비행시간이 짧게 느껴질 것이다. 아이들의 경우에는 태블릿으로 그림을 그리거나 사진을 감상하고 재미있는 애니메이션을 보았다. 나의 경우에는 좋아하는 배우가 나오는 드라마를 보면서 지루하고 힘든 시간을 견뎌 낸다.

 사이판 1달 생활비

 실제로 사이판에서 1년 정도 장기로 지내면 한 달에 얼마 정도의 돈이 들까? 물가도 비싸고 수업료도 내야 되고 한국에서 들지 않아도 되는 월세 등이 나가기 때문에 한국에서 쓰는 돈보다는 훨씬 많은 돈을 쓰게 된다. 우리 아이들은 과외를 받지 않기 때문에 그나마 교육비가 덜 들어가지만 기본적으로 들어가는 비용이 상당하다.
 내가 보통 한 달 동안 지출하는 내역을 대략적으로 기록하면 다음과 같다.

> 물건 구입, 식료품 구입 및 외식비 1,300달러
> (외식은 일주일에 2번 정도 하였고 되도록 장을 봐서 음식을 조리해서 끼니를 해결하였다.)
> 세탁기 및 건조기 이용료 60달러
> 갤런 물 주문 40달러
> 통신료 26달러
> 자동차 주유비 50달러
> 집 월세 800달러
> 전기세 120달러
> 자동차 렌트 400달러

수업료(2명) 700달러
음악 밴드 수업료 50달러
학교 급식(2명) 30달러

총 3,576달러
3,576달러 × 1,350원(환율) = 4,827,600원

매달 약 483만 원 정도가 드는 것을 알 수 있다.

이 돈은 기본적으로 매달 나가는 돈으로 추가적으로 항공료, 보험료, 여행 경비 등 각종 돈을 추가하면 1년 동안 약 7,000만 원 정도가 소요되는 것을 알 수 있다.

한 달 살기를 기준으로도 어림잡아 계산해 보겠다.

식료품 구입 및 외식비 1,500달러
여행 및 투어비 1,000달러
숙소비 2,000달러
자동차 렌트 800달러
자동차 주유비 100달러
수업료(2명) 1,800달러
학교 도시락 배달(2명) 280달러
왕복 항공료 약 50만 원 × 3명 = 150만 원

총 7,480달러 × 1,350원(현재 환율) + 150만 원 = 11,598,000원

한 달 살기를 하는 경우 숙소비와 수업료가 추가적으로 더 많이 들어간다. 이것은 대략적인 비용으로 외식비와 도시락 배달 비용, 여행 및 투어 비용 등에서 절감을 한다면 예산을 절약할 수 있다.

장기 거주의 경우 정말 다행인 것은 다른 나라에 비해 학교 교육비가 그나마 저렴해서 한 달 지출 금액을 줄일 수 있다는 점이다. 미국 본토나 캐나다 등 다른 영어권 국가에서 교육받으면 아이 한 명당 한 달에 100만 원 이상은 지불하게 된다. 동남아시아라 할지라도 국제학교에 보내게 된다면 더 많은 비용이 들게 된다.

외국에서 생활하면서 한국에서 당연하게 생각했던 공공 서비스 분야에 감사하게 되었다. 한국에서 공립학교를 다니면 학비가 들지 않고 양질의 학교 급식을 먹을 수 있다는 점이 그렇다. 또한 한국에서는 공기업에서 전기를 제공하기 때문에 비교적 저렴하게 전기를 사용할 수 있다. 사이판은 전기세가 무척 비싸서 만약 에어컨을 자주 틀고 밤에도 사용한다면 월 300달러 이상은 지불해야 한다. 내가 그나마 전기세를 100달러 정도로 낼 수 있는 것은 에어컨을 아껴서 사용하고 되도록 선풍기를 사용하기 때문이다.

얼마나 아껴 쓰느냐에 따라서 비용 절감이 되는 부분이 있을 수 있다. 가장 돈을 많이 아낄 수 있는 부분은 아무래도 외식비이다. 나도 외식을 줄이고 싶어서 일주일에 2번 정도로 제한하지만 한 번 외식하면 보통 50달러가 들고 두 번이면 100달러이다. 한 달이면 400달러이고 50만 원 정도에 육박하는 금액이 되어 버린다.

장을 볼 때 한국 식자재만을 고집하지 않고 현지에서 생산한 농산물을 이용하는 것도 비용 절감에 도움이 된다.

아이들이 몇 학년일 때 사이판에 가는 게 좋을까?

　자녀들의 영어 공부를 위해 사이판을 준비한다면 아이들이 몇 살 정도에 오는 것이 좋을까? 사이판에 오는 목적과 기간에 따라 달라질 것이다. 미국 유학을 위해 장기간 거주한다면 언제라도 기회가 되면 올 수 있다. 하지만 나처럼 1년 정도의 단기간 동안 최대의 효과를 내기 위해서라면 너무 일찍도 너무 늦은 시기도 좋지 않다고 생각한다. 초등학교 3학년~4학년 시기가 가장 적당하다.

　초등학교 1학년 또는 유치원 시기에 온다면 스펀지처럼 언어를 빨리 받아들이고 적응할 수 있다. 하지만 한국에 돌아와서 그만큼 빨리 잊어버리는 단점이 있다. 저학년에 오면 안 좋은 점 또 하나는 학교에서 배우는 내용이 너무 쉽고 다양한 활동에 참여하지 못한다는 점이다. SCS(Saipan Community School)에는 음악 밴드가 있다. 하지만 4학년 이상부터 참여가 가능하다. 사이언스 페어도 4학년 이상부터 참여할 수 있다. 그 외에도 중학년, 고학년 이상이 되어야 학교의 중요한 활동에 참여할 수 있는 자격이 부여되는 경우가 의외로 많다.

　반대로 늦게 5학년 이후에 온다면 예민해지는 사춘기 시기와 겹치면서 적응하는 데 어려움을 겪을 수 있다. 비슷한 또래의 현지 아이들도 자신들만의 또래 문화를 형성하여 우정을 쌓는다. 예를 들어 10대 아이들은 그들만 이해할 수 있는 은어를 사용하는 경우들이 있다. 그런 언어를 이해하지 못한다면 그 또래에 끼어서 대화하기가 힘들다. 언어의 차이 그리고 문화의 차이 때문에 쉽게 현지 아이들과 어울리기 힘들다. 비슷한 문화와 언어를 가진 아이들끼리 어울리다 보니 자기와 비슷하게 한국말을 사용하는 친구들과만 어울리게 되고 학급에서 두루두루 친하게 지내지 못하며 영어는 뒤처지게 되는 경우들이 발생한다.

아이들을 데리고 오기에 가장 좋은 나이는 큰아이가 4학년 정도가 되었을 때이다. 하지만 가장 적합한 나이가 그 정도라는 것이지 그 시기가 아니라 해도 문제 될 것은 없다. 저학년에 왔을 경우 한국에 돌아가서 꾸준히 영어 공부를 하면서 유지하면 된다. 고학년에 올 경우에는 한국에서 미리 영어 공부를 해서 사이판에서 빨리 적응하는 방법이 있다.

한국인이 없는 학교가 좋은 학교일까?

학교를 선택할 때 가장 고려해야 할 사항은 '한국인 학생이 많은가 적은가'보다는 '그 학교가 우리 아이에게 맞는 학교인가', '아이들이 즐겁게 다닐 수 있는 학교인가'이다.

한 달 살기로 사이판에 왔을 때 처음 다녔던 학교는 분위기가 많이 엄격했는데 수학을 제외하고 사회, 과학, 영어는 배우는 내용이 무척 어려웠다. 억지로 필기체를 배우고 썼던 기억이 난다. 아이들이 학교 가기를 너무 싫어해서 학교가 아무리 많은 내용을 가르치려고 해도 거부감만 들 뿐이었다. 그때 학교 선택의 중요성을 느꼈다. 어린 학생들은 학교가 편하고 즐거운 곳이 되어야 한다. 행복한 곳이 되어야 한다. 초등학생 자녀라면 많이 배울 수 있는 곳도 중요하지만 즐겁게 학교생활 할 수 있는 분위기의 학교를 선정하는 것이 좋다. 그렇지 않으면 학교 가기 싫어하는 아이를 억지로 보내야 하는 전쟁이 시작된다. 언어의 장벽이 있는 데다 학교까지 가기 싫으면 정신적으로 많이 힘들어진다. 억지로 학교로 보낸 부모의 마음도 하루 종일 편하지 않다.

지금 다니고 있는 'SCS(Saipan Community School)'에서는 아이들이 주도적으로 생활하고 선생님들께서도 친절하시고 아이들을 잘 보살펴 주시기 때문에 행복하게 학교를 다니고 있다. 학교를 다녀오면 매일 재밌다고 얘기해 주는 학교이다. 물론 시험을 보거나 할 때는 힘들어하기도 하지만 대체로 선생님을 너무 좋아하고 학교생활을 즐긴다. 이렇게 재밌게 학교를 다니면서도 공부는 제대로 하고 있는 걸까 생각도 들었다. 재밌게 다니다 보니 더 자연스럽게 공부가 되어 영어가 정말 많이 늘었다. 영어 실력이 늘다 보니 자연스럽게 사회 수업, 과학 수업도 잘 이해하게 되고 가지 뻗기를 하듯 실력이 향상되고 있다. 힘들게 공부한다고 해서 실력이 느는 것이 아니니 재미있는 학교, 즐거운 학교를 찾아야 한다.

한국인 학생 비율을 학교 선정에서 중요하게 생각하게 된다. 나도 처음에 'SCS'나 'SIS(Saipan International School)'를 제외하고 학교를 알아보았다. 왜냐하면 이 두 학교는 한국인 비율이 높기 때문이다. 한 달 살기의 교훈으로 즐거운 학교로 초점이 맞춰지면서 SCS를 선택하게 되었다. 한국인이 많다는 것은 그만큼 좋은 학교라는 뜻도 된다. 한국 엄마들은 정보력이 있어서 좋은 학교를 선택하는 경향이 있으므로 내가 좋다고 생각하는 학교에는 분명 한국인 학생들이 많을 수밖에 없다. 사이판뿐만이 아니라 내가 알아보았던 말레이시아나 캐나다도 마찬가지였다. 한국인이 없는 학교를 찾아 20시간 넘게 비행기를 타고 캐나다에 갔지만 반에 한국 아이가 수두룩하더라는 글도 많이 보았다. 어떤 캐나다 학교에서는 한국인들만 모아서 반을 만들어 한국 엄마들로부터 원성이 자자하다는 웃지 못할 글도 보았다. 캐나다까지 원정 가면서 한국인들을 피하려는 학부모들의 마음을 그 학교 교장 선생님은 몰랐을 것이다. 사이판에 한국인 학생들이 제법 있는데 그중 상당수는 사이판에서 태어난 현지 교민 자녀들이라 영어가 편한 아이들이다. 함께 생활하면서 영어를 많이 배울 수 있다.

한국인 학생이 많은 상황에서 영어 실력을 빨리 키우는 방법은 학교에서는 영어만을 사용하게 하는 것이다. 처음에는 많이 불편하고 어색하겠지만 영어를 사용해야 친구들도 영어로 말을 걸기 시작한다. 영어를 사용해야 현지 친구들과도 친해질 수 있다. 한국말이 편해서 자꾸 사용하다 보면 현지 아이들과 친해질 기회가 적어지고 한국 친구들과 한국말만을 사용하게 된다. 첫째도 처음에는 학교에서 영어만 사용하는 것을 어색해했지만 영어만 사용하기로 한 약속을 잘 지키려고 노력했다. 그렇기 때문에 현지 친구들과도 사이좋게 지낼 수 있었다. 그러다가 학교가 끝나기가 무섭게 아이들은 편하게 한국말을 사용했다. 작은아이도 처음에는 영어만 사용하는 것을 힘들어했는데 영어로 말하는 것이 습관이 되고 나서는 영어 말하기가 더 빨리 늘 수 있었다. 둘째는 한국 친구가 한국말로 물어봐도 영어로 대답하는 아이로 소문이 나기도 했었다.

한국 친구들과도 왜 영어로 얘기해야 하는지에 대해 대화를 많이 나눴다. 사이판에서 영어를 잘 공부할 수 있는 특별한 기회이니 이

SCS Mrs. Hamann 선생님과 함께

기회를 잘 살리자고 했다. 영어를 사용하는 것이 자신뿐만 아니라 친구들도 영어 공부를 함께 할 수 있도록 도와주는 것이라고 했다.

사이판에 오기 전에 한국에서 충분히 영어를 공부하면 효과가 좋다. 말하기와 쓰기는 한국에서 익히기 힘들지만 듣기와 읽기는 어느 정도 가능하다. 사이판에 오기 전에 꾸준히 쉬운 영어 애니메이션을 보는 것이다. 단 한글 자막을 틀어 주면 영어를 듣지 않게 된다. 자막은 영어 자막을 보여 주는 것이 좋다. 듣기가 익숙해지면 자막은 아예 보지 않게 된다. 아이가 정말 좋아하는 애니메이션은 반복해서 보게 되고 듣기에 많은 도움이 되었다. 가장 중요한 점은 아이가 좋아하는 애니메이션을 스스로 선택해서 보는 것이다.

읽기의 경우 도서관에 가게 되면 영어책은 보든 안 보든 꼭 빌렸고 의무적으로라도 조금씩은 읽었다. '리틀팍스'라는 영어 학습 사이트도 도움이 많이 되었다. '리틀팍스'에서 영어 동화 애니메이션을 늘 재밌게 봤는데 본 내용을 전자책으로 읽으면서 듣기와 읽기가 많이 늘었다. 영어 애니메이션을 볼 때 영어 자막을 틀어 준 것도 영어 읽기에 도움이 되었다. 잘 안 들리는 내용을 빠르게 영어 자막으로 보는 것이 훈련이 되어서인지 자연스럽게 영어 읽기 실력이 향상되었다.

사이판에 오기 전에 충분히 듣기와 읽기를 익혀서 현지에서 기본적인 의사소통이 가능하도록 해 주자. 사이판 학교에서는 늘 영어만 사용하는 습관을 들이자. 이렇게만 한다면 아무리 한국인 학생들이 많더라도 영어 실력이 많이 늘게 될 것이다.

사이판 사립학교나 국제학교에는 한국인 비율이 높다 보니 공립학교로 눈을 돌리는 분들도 계시다. 부모가 워킹 비자나 학생 비자 이상의 비자를 지니고 있는 경우 자녀의 공립학교 진학이 가능하다. 공립학교는 한국인 비율이 매우 낮고 그나마 있는 한국인들도 현지 교민 자녀이다. 영어만 사용할 수 있는 환경이기 때문에 언어를 빠르게 습득할 수 있다.

하지만 고학년 이상의 경우 언어가 준비되어 있지 않고 마음도 준비되어 있지 않은 상태로 공립학교에 바로 진학을 하게 되면 극심한 환경의 변화로 정신적인 불안을 겪을 수 있다. 정신적인 안정이 가장 중요하므로 너무 부모의 욕심만으로 밀어붙이면 안 된다. 아직 영어가 부족하다면 사립학교나 국제학교에서 한국인 학생들과 함께 적응하는 시간을 갖고 1년 정도의 시간 후에 의사소통이 어느 정도 가능하고 학교 수업을 따라갈 수 있는 수준이 되면 공립으로 전학 가는 것도 고려해 볼 만하다.

수업 시작을 기다리는 아이들

아이들의 영어 실력을 자연스럽게 향상시키기

　한국에서 사이판으로 오기 전에 사이판 학교 공부에 대해 걱정했던 부분이 영어 쓰기이다. 늘 쓰기보다는 듣기와 말하기가 더 중요하다고 생각하고 있었기 때문에 쓰기는 거의 신경 쓰지 않았다. 아이들은 거의 매일 영어 애니메이션을 봤기 때문에 영어 듣기에 익숙했고 어느 정도 귀가 트이게 되었다. 말하는 것은 어색하지만 아주 기본적인 표현들은 말할 수 있었다. 읽기는 아주 쉬운 그림 동화책을 조금 읽을 수 있는 정도였다. 하지만 매우 쉬운 초등학교 필수 영어 단어는 쓰는 것조차 어려워했다.

　외국 학교에서는 쓰기와 읽기를 많이 공부하기 때문에 기본적인 단어의 철자를 알 필요가 있다고 생각했다. 그래서 한 번도 해 본 적이 없는 단어 시험을 보게 되었다. 사이판에 가기 전 2개월 전 정도부터 초등 단어 사전에 있는 기본 단어들을 20개씩 공부하고 시험을 봤다. 영어 쓰기가 익숙하지 않은 아이들은 pencil, school 등 쉬운 단어도 철자를 틀렸다. 사이판에 가는 날이 다가올수록 걱정이 되었다.

　초등 필수 단어조차 충분히 익히지 못하고 온 우리 아이들이 이번 학교 'Spelling Bee' 대회 학급 대표가 되었다. 대회를 앞두고 학교에서 나눠 준 예상 문제에는 아주 생소한 단어들도 포함되어 있었다. 대회가 다가오니 하라는 말도 안 하는데 열심이다. 자신이 말하는 영어의 스펠링까지도 연습한다.

It's time to sleep.

Sleep, S L E E P, sleep.

Yes, mom.

Mom, M O M, mom.

1년 동안 더 특별히 공부한 것은 없었다. 듣기가 가능한 상태에서 왔기 때문에 말하기를 빨리 배웠고 의사소통이 잘 되니 학교 공부도 잘 따라갔다. 학교에서 배우는 ESL 과정과 일반 수업을 공부하고 일주일에 한 번씩 내 주시는 단어 시험 과제를 성실히 하다 보니 영어 단어를 잘 쓰게 되었다.

영어 공부를 힘들게 하는 아이들을 보면 안쓰럽다. 학원에서 숙제로 내 준 어려운 단어들을 열심히 외운다. 그렇게 외운 단어들의 정확한 뜻도 발음도 모른 채 어떻게 사용하는지도 모른 채 시험을 위해서 외운다. 초등학생들이 학원 과제로 외우는 단어들을 보면 중고등학교 수준의 단어들인 경우가 많다. 이렇게 공부를 하니 영어가 싫을 수밖에 없다. 힘들게 공부한 단어들은 효과적으로 기억에 남지도 않지만 뇌를 피로하게 만들어 학습 능률도 떨어지게 한다. 무엇보다 영어에 대해 안 좋은 기억을 남긴다.

초등학생 때는 무조건 공부에 대해 좋은 경험 즐거운 경험을 만들어 줘야 한다. 재미있는 영어로 된 만화를 많이 보여 주면서 귀를 트이게 해 주어야 한다. 자기가 좋아하는 만화나 영화를 스스로 골라 보면 재밌게 보게 되고 자연스럽게 영어가 잘 들리게 된다. 이렇게 귀가 트이게 되면 흥미가 있거나 감동적인 그림 동화책을 많이 들려준다. 시간이 지나면 스스로 읽게 되고 단어가 익숙해지면 조금씩 쓸 수 있게 된다.

한 번에 많이 공부하는 것보다 조금씩이라도 꾸준히 오랫동안 하는 것이 중요하다. 생활 속에서도 영어를 자연스럽게 받아들일 수 있도록 식사 시간이나 아이들이 쉬고 있을 때 부엌 또는 거실에서 영어 라디오나 쉬운 영어 애니메이션을 계속 틀어 놔 보자. 아이들은 흘려들으면서도 자연스럽게 배우는 것이 많다. 많이 들었던 표현들은 마치 자신의 표현인 양 자연스럽게 적재적소에서 활용한다.

영어를 배우는 과정도 우리가 모국어인 한국어를 배우는 과정과 마찬가지로 자연스러워야 한다. 한국말을 잘 이해하지도 못하는 아이들을 데리고 단어를 외우고 받아쓰기를 한다면 얼마나 고역이겠는가. 천천히 꾸준히 영어에 익숙해지게 한 후 자연스럽게 받아들이게 하면 그다음부터는 배우는 속도에 가속도가 붙는다. 그때부터는 부모가 옆에서 잔소리를 하지 않아도 영어 실력이 점점 향상된다.

SCS Miss Eekhoff 선생님과 함께

어떤 학교가 우리 아이에게 맞을까?

외국 학생이 갈 수 있는 학교는 사립학교와 국제학교이다. 사립학교의 대부분은 기독교 학교이다. 사립학교 중에서 인기가 있는 곳은 'GCA(Grace Christian Academy)', 'MCS(Mount Carmel School)', 'SCS(Saipan Community School)'이다. 사이판에서 인기 있는 국제학교는 'SIS(Saipan International School)'이다. 위 네 곳 학교가 한국 학부모들이 자녀들을 가장 많이 보내는 곳이다. 그 밖의 사립학교로는 'Green Meadows School', 'Eucon School', 'SDA(Seventh-Day Adventist School)', 'NMIS(Northern Marianas International School)', 'BSM(Brilliant Star Montessori)' 등이 있다.

MCS를 제외하고는 학교의 규모가 작아서 한 학년에 보통 한 반만 운영하거나 두 개 학년을 한 반으로 운영하는 곳들도 있다. 한 학년에 한 반만 운영하는 소규모 사립학교가 많다 보니 반 학생과 문제가 있을 경우 다른 반으로 배치되지 못해 결국 학교를 옮겨야 하는 일들도 발생하게 된다. MCS는 보통 한 학년에 3개의 반을 운영한다. 사이판 학교의 학비는 다른 나라들과 비교했을 때 무척 저렴한 편이다.

SCS의 학비를 예로 들면 다음과 같다.

신입생 등록비: 25달러

새 학기 등록비: 150달러

새 학기 교재비: 350달러

유치원 월 학비: 250달러

초등학교 월 학비: 325달러

중학교 월 학비: 350달러

밴드 활동비: 50달러

방학이 있는 6월과 7월은 학비를 지불하지 않는다. 다른 학교들도 학비는 비슷한 편이고 SIS는 학비가 초등, 중등, 고등의 학비가 다르지만 초등의 경우 보통 매달 500달러 정도를 지불한다. 일부 학교들은 학생 비자를 받을 때 학생 비자 프로세스 비용을 따로 지불하기도 한다.

관광 비자를 가진 부모를 적법한 가디언으로 보지 않는 학교의 경우 전문적으로 가디언을 해 주는 분에게 비용을 지불하고 학교에 등록을 해야 한다. 우리 아이들이 다닌 SCS의 경우에는 한 달 살기를 하며 학교를 방문해 직접 등록을 했다. 내가 아이들과 함께 지내면서 아이들을 돌볼 예정이라고 말씀드리니 가디언으로 인정받을 수 있었다. 그래서 추가적으로 가디언 비용이 들지는 않았다.

한 달 살기 하면서 아이들을 보낸 곳은 'Eucon'이다. Eucon은 많은 선생님들이 중국계이다. 중국이나 대만식 학교 운영의 영향을 많이 받아서 상당히 엄격했다. 복도에서도 줄을 서서 가야 되고 수업 시간에 물 마시는 것조차 허락을 받아야 했다. 숙제의 양도 상상을 초월했다. 좋은 선생님들도 계셨지만 엄격한 분위기 탓에 우리 아이들이 잘 적응하지 못했다. 하지만 일부 학부모들은 굉장히 만족하며 Eucon 학교를 보냈다. Eucon 학교의 장점은 공부 양이 많고 학생들이 질서정연하며 중국어를 쓸 수 있는 기회가 많다는 점이다.

1년 동안 아이들이 다닌 학교는 SCS이다. 아이들은 등교 첫날부터 너무 재미있다고 내일도 빨리 학교에 가고 싶다고 했다. 가고 싶은 학교, 재미있는 학교라니 상상도 할 수 없는 일이다. 교장 선생님께서도 학생들에게 관심이 많으시고 늘 재미있는 활동과 학교 이벤트를 기획하셔서 학생들이 신나게 학교에 다닐 수 있도록 해 주셨다. 선생님들도 매우 친절하시고 다정하게 대해 주셔서 아이들이 선생님들을 무척 좋아했다. 지금도 친구들과 선생님들을 가족처럼 느끼고 즐겁게 학교에 다닌다.

이제 사이판을 떠나야 하는 시간이 다가오고 있는데 벌써부터 많이 서운해하고 있다. 사이판에 계속 살면서 이 학교에 다니고 싶다고 한다. 아이들이 정말로 정을 많이 주고 좋은 추억을 많이 쌓은 곳이다. 즐거운 곳이라고 마냥 공부를 안 시키는 곳은 아니다. 선생님들은 꼼꼼하게 가르쳐 주시고 학년이 올라갈수록 과제도 많고 시험도 꾸준히 본다. 즐겁게 학교에 다니면서 아이들은 자신들도 모르게 실력이 쑥쑥 향상되었다.

이곳 학교에서 큰아이의 경우 음악 밴드를 하면서 많이 성장했다. 큰 무대에서 공연할 기회도 있었고 공연 연습에 몰입하며 음악에 푹 빠져서 지내기도 하였다. 자신감도 향상되었고 밴드의 일원으로서 다른 친구들을 챙기고 자신의 역할에 대한 책임감도 강해졌다. 이 학교를 선택한 것이 내가 사이판에서 선택한 것 중 가장 훌륭한 선택이었다고 생각한다. 교장 선생님을 비롯해서 아이들을 훌륭하게 지도해 주신 모든 선생님들께 진심으로 감사하다.

유치원 초등학교 ESL 음악 미술 선생님들께서는 장기간 이곳에서 근무하시면서 인자하시고 훌륭하신 선생님들로 인정을 받았다. 대부분 선생님들이 미국 본토에서 오신 것도 이 학교가 인기 있는 이유 중 하나이다. SCS는 초등학교와 중학교까지의 과정만 지도한다. 최근 중학교의 경우에는 몇몇 수업이 부실하다는 지적이 있다. 학부모들의 의견을 잘 청취해서 중학교도 부모님들이 믿고 안심하고 보낼 수 있는 학교가 되면 좋겠다.

다른 학교들은 경험해 보지 못했고 다른 엄마들을 통해서 간접 경험만 해 보았다. 들은 내용을 간단하게 정리해 보면 다음과 같다.

• GCA: 가라판에서 가까워 교통이 편리하다. 현지 학부모들 사이에서도 인기가 많아 보통 한 반이 20명이 넘어 사립학교 치고는 학급당 인원수가 많다. 선생님들께서 수학경시대회 같은 외부 대회 준비도 열심히 해 주셔서 성과가 좋다. 필리핀계 선생님이 많다. 배우는 내용과 과제가 많고 학교 규칙이 엄격한 것으로 알려져 있다. 연간 학비는 SCS와 비슷하다.

• SIS: 국제학교 교육 과정에 맞게 체계적으로 수업을 하는 곳이다. 중학교, 고등학교로 갈수록 인기가 많아지는 학교이다. 중고등학교에 우수한 학생들이 많아서 공부를 시키고 싶어 하는 한국 학부모들 사이에서 인기가 많다. 그만큼 한국인 비율이 높은 학교이다. 현재 사이판에서 유일하게 전문적으로 홈스테이를 하는 곳이 있는데 이곳의 한국인 학생들 모두 이 학교를 다니고 있다. 우수한 한국인 학생들이 많은 만큼 경쟁도 치열한 곳이다. 특별 수업으로 중국어 수업이 있다. 스펠링비나 수학경시대회 같은 외부 대회에 대해 관심을 갖고 지도를 하여 학생들의 성과가 좋다. 미국 본토 출신 원어민 선생님의 비중이 높다. 학비는 초등학교를 기준으로 매달 500달러 정도로 가장 비싼 학교이다.

• MCS: 사립학교 중에서 유일하게 가톨릭계 학교이다. 사이판의 지역 유지들의 자녀들이 많이 다니는 학교로도 유명하다. 중고등학생들도 순수하고 모범적이어서 자녀를 공립학교를 보내지 않고 이곳으로 보내는 현지인들이 많다. 사립학교 중에서 규모가 가장 큰 학교로 한 학년에 보통 3개의 반이 있다. 학생들은 교복을 입고 학교 규율이 엄격한 것으로 알려져 있다. 다른 사립학교와 다르게 카페테리아에서 직접 조리한 점심을 판매한다. 음악 밴드가 유명한 학교였는데 담당 선생님이 떠나면서 밴드부를 더 이상 운영하지 않아 아쉽다. 학비는 초등학교가 매달 300달러 정도이다.

단기 학생으로 학교 체험을 신청하고 싶다면 학교 홈페이지에 방문해서 이메일 주소를 알아낸 후 이메일로 신청을 해 보자. 영어로 간단한 대화가 가능하고 좀 더 빨리 일을 진행시키고 싶다면 용기를 내서 전화를 해 보자. 스카이프 등의 앱을 이용하면 저렴하게 해외 전화가 가능하다.

Saipan Community School, SCS

Saipan International School, SIS

Mount Carmel School, MCS

Grace Christian Academy, GCA

방학 기간 1달 학교 체험하기

대부분의 사립학교와 국제학교들이 1달~2달 단기 학생들을 받아 준다. 단기 학생들이 몰리는 시기는 1월이다. 2월과 8월에도 제법 많은 단기 학생들이 사이판을 찾는다. 현재까지 SCS(Saipan Community School)는 8월 새 학기는 새 학년 적응 기간이라 단기 학생들을 받아 주지 않는다. 학교별로 단기 학생 등록에 대한 규정이 그때그때 달라질 수 있으므로 신청하기 전에 미리 문의하는 것이 좋다.

1개월 단기 학생 수업료는 보통 900달러~1,000달러 정도이다. 1개월이 최소 단위인 경우가 많다. 하지만 MCS(Mount Carmel School)는 1개월 단위가 아니라 하루 단위로 수업료를 받고 1개월보다 더 짧은 학교 체험도 가능하다. 하루에 75달러로 가격이 비싸지만 2주일 이하의 학교 체험이라면 MCS에 등록하는 것이 가격이 더 저렴하다.

사이판의 여름방학은 길다. 보통 5월 말부터 8월 초까지가 방학 기간이다. 그렇다 보니 한국의 여름방학 기간과 잘 맞지 않는다. 한국이 여름방학을 시작해서 사이판에서 학교 체험을 하고 싶더라도 사이판 학교는 방학 기간이기 때문이다. 사이판 학교의 학사 일정에 맞춰 8월 초부터 학교 체험을 하더라도 한국 학교 개학 시점까지 2주 정도의 시간밖에 없다. 이뿐만 아니라 새 학기 시작 후 적응 기간이라 정상적인 학사 일정이 이뤄지기 어렵다. 그래서 겨울방학 동안 사이판을 찾는 한국인 학생들이 많다.

여름방학 동안 한 달 살기를 계획하고 있다면 현지 학교에서 제공하는 여름방학 프로그램에 참여하는 것이 좋다. SDA(Seventh-Day Adventist School)와 NMIS(Northern Marians International School)는 6월과 7월 여름방학 프로그램을 진행한다. 현지 학생일 경우(학생 비자 학생 포함) NMIS가 한 달에 500달러 정도, SDA가 한 주에 100달러 정도(외국인 학생일 경우 한 주에 225달러 정도이다.)였다. 이메일로도 신청이 가능하고 사이판 현지에 아는 사람이 있다면 지인을 통해서 등록할 수 있다.

NMIS는 필리핀계 선생님이 주축이 되어 학생들을 지도하는 학교이다. 위치는 수수페 조텐쇼핑센터 옆 유명한 음식점 '360'이 있는 건물 1층이다. 작년 여름에 등록을 했는데 교육보다는 돌봄 위주라 아이들을 너무 방치한다는 생각에 중간에 환불을 받고 등록을 취소하였다. 교육보다는 돌봄이 필요한 어린아이들의 경우에는 나쁘지 않을 수 있다. NMIS는 2023년 7월에 MBC연합영어 캠프를 맡아서 운영하였다고 한다. 학생들과 학부모들의 반응이 괜찮았다면 등록을 고려해 볼 만하다. 현지 교민 학생들이 여름방학 때 가장 많이 선택하는 여름방학 프로그램은 SDA이다. 오랜 시간 동안 여름방학 프로그램을 운영했고 학부모와 학생들의 만족도도 높은 편이다. 보통 6월 초부터 여름 프로그램을 시작한다.

사실 한 달간의 짧은 학교생활로 영어를 바라는 만큼 잘하기 힘들다. 부모님 욕심과는 다르게 아이들에게는 엄청난 스트레스일 수도 있다. 새로운 환경에서 외국인 선생님과 학생들을 만나고 거기다 의사소통이 잘 되지 않는다. 아이들이 겪을 엄청난 스트레스는 우리들이 상상하기 힘들 정도이다. 교실 앞에서 들어가기 싫어 우는 아이들, 스트레스 때문에 두통이나 복통을 겪는 아이들 심지어는 교실에서 토하기까지 하는 아이들에 대한 이야기를 들었다. 오기 전보다 더 안 좋은 결과를 낳기도 하는데 다시는 사이판에 오지 않겠다고 하는 아이들도 있다.

이런 일들을 미연에 방지하기 위해서는 사이판에 오기 전에 아이와 충분하게 대화를 해 보자. 미국 학교에 대한 사진이나 유튜브 영상을 보며 함께 기대감을 키운다. 부모는 아이들에게 외국 학교를 즐겁게 경험하는 것만으로도 충분하다고 얘기하며 자녀의 부담을 낮춘다. 그리고 미리 학교에서 사용하는 영어 표현들을 함께 공부해 본다. 이렇게 열린 마음으로 사이판 학교에 오게 된다면 영어뿐만 아니라 선생님과 친구들과 교류하며 배우고 느끼는 것들이 많아질 것이다.

단기 학생으로 온다면 외국 학교를 가볍게 경험하고 영어 공부에 대한 필요성을 느끼는 것만으로도 충분한 성과라고 생각한다. 그것이 앞으로 영어를 공부하고 싶은 강력한 동기가 되어 줄 것이다.

사이판 학교 결정 후 제출해야 하는 서류

사이판으로 1년 살기를 떠나기 전에 한 달 살기를 하였다. 2022년 여름에 한 달 살기를 하고 2023년 2월에 사이판에 1년 살기를 떠났다. 한 달 살기를 하는 것이 여러 가지 면에서 도움이 많이 되었다. 학교를 둘러보고 아이들에게 맞는 학교를 선정하고 여러 숙소를 돌아보며 살집을 직접 알아보았다.

사이판에서 필요한 것들이 어떤 것인지 한국에서 준비하는 데도 도움이 많이 되었다. 한 달 살기를 하며 알게 된 사람들을 통해서도 필요한 정보들을 얻을 수 있었다. 한국에서 모든 것을 준비했다면 너무 막연했을 것이고 누군가의 도움을 받아서 모든 것을 진행해야 했을 것이다. 하지만 한 달 살기를 하며 직접 발품을 팔아 더 나은 정보를 얻을 수 있었다. 학교만 하더라도 처음에는 모든 학교가 비슷하지 않을까 막연하게 생각하고 학비가 저렴하고 아이들을 받아 주기만 하면 어디든 괜찮다 생각했다. 그런데 막상 와 보니 학교마다 분위기가 많이 달라서 우리 아이에게 맞는 곳을 찾는 것이 가장 중요한 일이라는 것을 알게 되었다. 아이가 일단 학교를 즐겁게 다닌다면 모든 문제의 70퍼센트 이상은 해결되는 것이다.

학교를 결정하고 난 후에는 등록 신청서, 통장 잔고 증명서, 아이들

여권 사본, 출생증명서, 한국 학교 생활기록부 등을 학교에 제출한다. 등록 신청서는 학교에서 직접 작성하면 되고 통장 잔고 증명서는 은행 인터넷 뱅킹 사이트에서 영문으로 출력이 가능하다. 출생증명서는 우리나라에는 없는 서류이기 때문에 법원에서 기본 증명서로 대신 뗄 수 있다. 기본 증명서는 영문 버전이 없으므로 번역 사무실에서 영문으로 번역 후 변호사 사무실에서 공증을 받는다. 학교 생활기록부도 마찬가지 방법으로 번역사 사무실에서 영문 번역 후 변호사 사무실에서 공증을 받는다. 변호사 사무실에 번역을 맡는 분이 계시거나 함께 일하는 번역사 사무실을 소개해 주기도 한다.

  사이판 1년 살기를 이미 1년 전부터 생각하고 있었기 때문에 여름에 한 달 살기를 갔을 때 필요한 서류들을 학교에 제출할 마음으로 미리 준비해서 사이판에 갔다. 한 달 살기를 가서 미리 둘러보고 학교에 신청서와 서류를 직접 제출할 수 있어서 에이전시 수수료를 아낄 수 있었다. 학교 등록이 어려운 일이 아니니 미리 필요한 서류를 준비해서 사이판에 사전 답사 겸 여행을 미리 다녀오는 것도 좋다.

  그런데 많은 학교들이 학생의 보호자로 미국에서 체류하고 있는 사람을 요구하기 때문에 관광 비자를 가지고 있는 부모가 가디언이 되어 줄 수 없는 경우도 있다. 하지만 관광 비자로 입국하는 부모라도 아이들과 함께 지내면 가디언으로 인정해 주는 학교들도 있으니 알아보는 것이 좋다. 부모를 가디언으로 인정해 주지 않는 학교에 등록을 하고 싶을 때는 사이판에서 활동하고 계시는 에이전시에게 부탁을 한다. 사이판에는 현지 유학원이 없기 때문에 알음알음 해 주시기도 하고 개인적으로 학교 등록을 해 주시는 분들이 계시다.

사이판 1년 살기, 한국 학교에서 거쳐야 할 행정 절차 및 제출 서류

한국에서 초등학교 과정은 의무 교육이기 때문에 특별한 경우를 제외하고는 만 6세 이상이 되면 아이들은 초등학교에 다녀야 한다. 하지만 사이판 등 외국에 체류하면서 외국의 학교를 다니게 되는 경우 한국의 의무교육을 받을 수 없게 된다. 외국에서 학교를 다니는 경우를 유학이라고 하고 인정 유학과 미인정 유학으로 나눠진다.

• 인정 유학: 외국에서 공부한 것을 인정하여 의무교육을 면제받는 것을 말한다. 한국에 돌아왔을 때 시험을 따로 치르지 않고 유급되지 않으며 자기 나이에 맞는 학년으로 바로 진급이 가능하다. 인정 유학 요건 3가지를 모두 만족해야 한다. 인정 유학일 경우에는 의무교육이 면제된다.

- 이민, 부모의 해외 취업, 공무원 및 상사 주재원인 부모의 해외 파견, 교환 교수 등에 의해 가족(부 또는 모)이 동행하여 출국한 경우 부 또는 모가 공무상 해외 파견 또는 이에 준하는 경우로서, 증빙 자료(소속 기관 공문 등), 거주 기간, 실제 체류 기간, 재학 기간 증명이 가능한 경우

- 정규 학교에 등록할 것(해당 국가의 정규 학교에 등록)
- 외국 학교에서 6개월 이상 재학할 것

• 미인정 유학: 인정 유학생을 제외한 모든 해외 출국 학생은 미인정 유학으로 분류한다.

미인정 유학의 경우 당해 연도 출석일수의 1/3 이상을 결석하게 되면 '정원 외 학적 관리' 대상 학생이 된다. 미인정 유학의 경우 의무교육이 면제되는 것이 아니라 미뤄지는 '의무교육 유예'가 된다.

정원 외 학적 관리는 의무교육을 받아야 하는 학생을 지속적으로 관리하기 위해서 만든 제도이다. 정원 외 학적 관리 대상 학생이 되더라도 나중에 다시 재취학할 때 필요한 서류를 잘 제출하고 안내해 주는 행정적 절차를 잘 따르면 나이에 맞게 진급할 수 있다.

인정 유학이든 미인정 유학이든 인증받은 외국 학교에서 공부하는 것이 좋다. 인증 받은 교육기관의 경우 한국에서 해당 학교의 교육 기간을 인정받을 수 있다. 아포스티유 협약국에서 인정받은 교육기관인지 교육부 홈페이지 인증 교육기관 목록에서 확인할 수 있다. 만약 교육부 홈페이지 목록에 없는 학교라면 해당 학교가 인증받은 교육기관이라는 것을 해당 국가의 영사로부터 확인서를 받아야 하고 한국어로 공증을 다시 받아야 한다. 교육부 인증 교육기관이 아닐 경우 일의 절차가 복잡해지므로 유학 가고자 하는 학교가 교육부 목록에 있는지 확인하는 것이 좋다.

한국 학교에 제출해야 할 서류 및 절차

1. 한국 학교에 몇 개월 전에 미리 연락해서 외국에 장기간 체류하게 될 것이라는 것을 알리면 행정적 절차를 안내해 주신다.
2. 학교에 학적 처리 확인서(인정 유학의 경우 면제 신청서, 학교에서 작성), 주민등록등본, 개인정보이용 동의서, 외국 학교 입학 허가서 I-20 등 학교에서 요구하는 서류들을 제출한다.
3. 정원 외 학적 관리 대상이 되기 바로 직전에 학교에서 협의회를 열고 연락을 한다. 현재 사이판에 거주하고 있는지 아이들이 안전하게 학교에 잘 다니고 있는지 등을 영상 통화를 통해서 확인하였다.
4. 한국으로 돌아가는 날이 확정되면 귀국 몇 달 전에 재취학할 학교에 미리 연락을 해서 학교에서 행정적으로 미리 준비할 수 있도록 한다.
5. 한국에 돌아가면 외국 학교 재학 증명서(Certificate of Attendance), 성적 증명서(official transcript), 예방 접종 증명서, 출입국 증명서 등 학교에서 요구하는 서류를 제출한다.
- 재학 증명서와 성적 증명서는 사이판을 떠나기 전 외국 학교에서 미리 받아 두도록 하자.
- 사이판 학교 종업식이 끝나자마자 한국으로 와야 하는 경우 성적 증명서를 바로 발급받기 어려울 수도 있으니 학교에 미리 문의한다.
6. 초등학교 저학년은 국어, 수학, 중학년 이상은 국어, 수학, 사회, 과학 과목에 대해 이수 인정 평가 시험을 보게 된다.

7. 시험 결과와 여러 서류들을 종합하여 학교에서는 진급 심사위원회를 열고 학생의 진급 여부를 심사하게 된다.

사이판 유학을 위해 학교를 방문하게 되면 담당자들은 보통 엄격하게 제도를 해석하여 학부모들에게 안내한다. "진급이 안 될 수도 있습니다. 유급될 수 있습니다." 미리 작성하고 가는 학적 처리 확인서에도 무섭게 유급될 수 있다는 점을 명시하고 있고 그 아래에 학부모가 사인하게 되어 있다. 하지만 걱정하지 말자! 실제로 진급하지 못한 학생들을 내 주변에서 보지 못했다.

대신 원활한 진급을 위해 이수 인정 평가 시험에서 어느 정도 점수를 맞도록 미리 미리 준비하는 것이 좋다.(학교마다 점수의 기준은 다르다.) 아이들에게 한국에 돌아가서 자기 학년으로 가려면 시험을 통과해야 한다는 점을 강조해서 사이판에서도 한국 공부를 계속할 수 있도록 동기부여하자. 시험을 잘 보지 못했을 경우에는 보통은 재시험을 볼 수 있게 해 주지만 그 과정이 껄끄러우므로 한 번에 통과하도록 준비하는 것이 좋다.

첫째는 한국으로 돌아가는 해에 중학교 진학을 하게 된다. 초등학교에서 진급을 하는 경우에는 괜찮지만 중학교로 진학을 하는 경우에는 신경 써야 할 일들이 더 많다. 다행히 이수 인증 평가 시험을 보지 않아도 되고 한국 초등학교를 졸업하지 못할 경우 초등학교에서 이수 인증 처리를 해 준다. 하지만 중학교 배정에서 문제가 발생할 수 있다. 중학교 배정이 초등학교 6학년 9월쯤 있는데 중학교 배정 당시에 한국 학교에 다니지 않는다면 1월이나 2월에 중학교 재배정을 받을 때 입학할 수 있는 중학교가 정해진다.

재배정을 신청할 때 만약 가려고 하는 학교에 남는 자리가 없다면 그 학교에 입학을 신청할 수 없다. 재배정 대상 학생들은 자리가 남아 있는 같은 학구의 중학교 중에서 여러 개의 학교를 지망하여 신청한다.(내가 사는 지역을 기준으로 설명하였으며 지역마다 중학교에 입학하는 방식이 다르다.) 운이 좋다면 내가 가고 싶은 중학교에 갈 수 있다. 하지만 자리가 없어서 다른 학교들 중에서 선택해야 하고 같은 학구이지만 조금 멀리 학교를 다녀야 하는 불상사도 발생한다.

한국 학교에서 정원 외 학적 관리 학생이 되었는데 사이판 학교에서 6개월 이상 공부를 하지 않았다면 초등학교 과정 이수가 인정되지 않아 초등검정고시 시험을 보고서야 중학교에 입학해야 하는 일이 발생하기도 한다. 1년 살기 이상을 계획하고 있다면 한국에 돌아갔을 때 진학에 문제가 생기지 않도록 계획을 세운다.

주의할 점은 정원 외 학적 관리 대상이 되면 동일한 해에 한국 학교에 재취학할 수 없고 다음 해 또는 그 이후에 어느 때라도 재취학이 가능하다. 재취학 시점부터 수업 일수를 계산해서 출석 일수의 2/3 이상을 출석하면 진급이 가능하다. 예를 들면 6월에 한국 학교로 재취학할 경우 6월 이후 수업일수의 2/3 이상 출석하면 해당 학년을 이수한 것으로 본다.

한국에 귀국해서 재취학하는 문제 또는 상급 학교 진학 문제 등 행정 절차에 대해서 가장 잘 아는 곳은 지역 교육청이다. 궁금한 점이 있다면 교육청에 문의해 보고 아이의 유학 일정을 잡아 보도록 하자.

미국 비자의 벽에 부딪히다

사이판 준비에도 예상하지 못했던 어려움이 있었다.

처음에 사이판으로 결정하고 나니 마음이 후련했고 준비할 것도 그리 많아 보이지 않았다. 캐나다를 생각하고 있었을 때는 고민할 부분들이 많았다. 그런데 사이판은 제주도 1/10 크기로 작은 지역이라 미리 공부하거나 준비해야 할 것들이 많아 보이지는 않았다. 사립학교도 많지 않아 선택하기도 편했다. 떠나기 6개월 전쯤에 비행기표를 사고 숙소도 예약하고 학교 등록을 마치고 아이들 학생 비자만 발급받으면 되는 것이었다.

"준비하느라 골치 아프지 않아서 좋네."

그런데 의문점이 있었다. 사람들의 글을 읽어 보면 사람들이 1개월 또는 3개월 정도만 사이판에 지내다 온다는 것이다. 한 달 살기는 많은데 조기 유학이나 어학연수에 대한 글은 많지 않다. 이렇게 좋은 사이판인데 왜 짧게 지내다 오는 것일까?

어느 날 우연히 사이판 관련 카페 글을 읽다가 알게 되었다. 미국 학생 비자는 학교 등록을 마치면 비교적 쉽게 발급받지만 부모의 가디언 비자는 따로 없다는 것이다. 캐나다, 말레이시아, 호주, 뉴질랜드, 필리핀 등 대부분의 영어권 국가들이 유학을 떠나는 자녀가 있을 경우 적어도 부모 한 명에 대해서는 가디언 비자를 발급해 주는데 미국은 그런 비자가 없다. 이민자의 수를 조절하기 위한 조처라고 생각하지만 비합리적이라는 생각이 든다. 이민법에 따르면 어린 자녀가 낯선 곳에서 부모 없이 지내야 하는 것이다. 어쩔 수 없이 부모들은 자녀를 홈스테이 가정에 맡기거나 보딩스쿨 같은 기숙사 시설이 있는 학교에 맡겨야 한다. 함께 지내고 싶은 부모는 편법을 사용할 수밖에 없다. 부모가 6개월 여행 비자를 이용해 미국을 드나들어야 한다. 이마저도 너무 자주 드나들고 체류 기간을 꽉 채우면 오해를 받아 재입국 시 허가가 되지 않는 경우가 있다고 한다.

마음에 안 드는 비자 정책이지만 어쩔 텐가? 그렇다고 아이들만 보낼 수는 없다. 방법을 찾아야했다.

미국에서 공부하거나 기관에 초대를 받아 지내게 되는 특별한 경우를 제외하고 자녀와 미국에 오래 함께 체류할 수 있는 비자는 관광 비자이다. 한국과 미국은 무비자 협정이 체결되어 있어 45일까지는 비자 없이 관광이 가능하다. 더 긴 시간을 지내려면 ESTA 비자가 있는데 대사관 인터뷰 없이 인터넷으로 신청이 가능하고 범죄 기록이나 미국과 적대적인 나라를 방문한 기록이 있는 경우에 신청이 어렵다. ESTA 비자로 90일까지 체류가 가능하다.

그다음은 B2 관광 비자이다. 관광이나 치료를 목적으로 180일(최대 6개월)까지 체류가 가능하다. 미국 대사관 인터넷 홈페이지에서 신청을 하고 수수료를 지불한 다음 인터뷰 예약을 해야 한다. 인터뷰 예약 당일에 필요한 서류를 가져가야 한다.

B2 관광 비자는 거절되는 경우들이 있다. 이미 ESTA 비자로 3개월

체류가 가능하기 때문에 굳이 3개월 이상 관광이 필요한 이유에 대해서 합리적으로 설명해야 한다. 그 이유가 충분하지 않거나 한국에서 본인 또는 배우자의 소득, 직장, 재산 등이 안정적이지 않으면 쉽게 발급이 되지 않는다고 한다. 하지만 인터넷 글을 읽어 보면 직장에 다니지 않는 아이 엄마의 경우에도 B2 관광 비자를 받는 경우가 많다고 하니 겁먹을 필요는 없다.

비자의 벽에 부딪혔다. 그 벽을 어떻게 뚫고 넘을 것인가. 다시 폭풍 검색과 연구가 시작되었다.

ESTA 비자로 3개월 단위로 4번 드나들 수는 없는 일이다. 그래서 B2 비자를 발급받기로 했다. 사이판의 2학기는 1월~5월 말, 새 학기는 8월 초~12월 말이다. 그렇다면 1월에 입국하게 되면 5월 말까지 사이판에 있다가 한국에 잠시 귀국하여 여름방학을 보내고 8월에 다시 입국하여 1월까지 사이판에 머물 수 있게 된다.

(B-2 비자는 관광, 친구나 친지 방문, 의학적 치료 및 사교적, 사회적, 서비스 성격의 활동을 포함하여 여행의 성격이 휴식을 위한 경우에 해당한다.)

다음 고민은 '어떻게 하면 성공적으로 B2 비자를 발급받을 수 있나'이다. 자녀가 학생 비자를 받은 후에 아이들과 동반으로 미국에 가는 경우 B2 비자 발급이 수월해진다.

아이들이 학생 비자를 발급받기 전에 B2 비자를 신청할 수도 있지만 장기 여행에 대한 필요성과 휴가 기간이 명시된 서류를 준비하는 것이 어렵다. 괜히 거절되면 ESTA 비자 신청 자체도 어려워질 수 있다. 시간이 지연되더라도 아이들 학생 비자를 받은 후에 최대한 안전하게 B2 비자를 받는 것이 좋겠다는 결론에 닿았다.

비자 문제는 까다롭다. 모든 필수 서류를 빠짐없이 준비하여야 한다. 행정 절차상 작은 문제가 있더라도 비자 발급은 어렵다. 개인이 처한 상황도 모두 다를 수 있기 때문에 비자 대행업체에 부탁하는 경우들이 많다. 하지만 비자 발급에 특별한 문제가 없는 사람들은 미국 대사관 비자 발급 안내와 신청에 대한 내용들을 꼼꼼하게 숙지하여 준비한다면 혼자서 하는 것도 가능하다. 그리고 어떤 영사관을 만나느냐는 개인의 차이도 있다. 어떤 영사관은 곤란한 질문을 하고 엄격하게 심사하기도 하고 운이 좋으면 관대하게 발급해 주는 사람을 만나기도 한다.

B2 비자 발급 인터뷰 시 영사의 질문에 오해의 소지가 없도록 대답해야 한다. 보통 첫 질문은 왜 ESTA 비자가 아니라 B2 관광 비자가 필요한지이다. 나의 경우에는 이렇게 대답하였다. 아이들이 F1 비자를 받아 공부할 예정이다. 아이들이 아직 너무 어려 곁에 있어 주려고 한다. 아이들이 학교에 간 사이에 나는 사이판에서 이곳저곳을 둘러보며 여행을 하고 휴양과 휴식의 시간을 가지려고 한다.

언제까지 머물 것인지 묻는다면 1년 동안 휴직을 신청한 휴직서를 보여 주며 1년 후에는 꼭 복직해야 해서 아이들과 함께 귀국한다는 것을 강조할 수 있다.

어떤 영사를 만나는지에 따라 질문이 달라지고 영사가 주관적으로 판단하여 비자를 발급해 준다. 그렇기에 정답은 없다. 하지만 ESTA 비자보다 긴 시간 머물러야 하는 확실한 이유 그리고 일정 기간 후에는 귀국한다는 점들을 서류로 명확하게 증명할 필요가 있다.

미국 학생 비자, 관광 비자 혼자 준비하기에 도전!

학교에 서류 제출이 끝나고 서류에 이상이 없으면 등록금을 납부하고 I-20라는 입학 허가증을 받는다. 이 I-20는 중요한 서류로 사이판을 입국할 때 늘 지니고 다녀야 한다. 간혹 이름 등 중요한 정보가 틀린 경우가 있으면 이민국 심사를 받을 때 문제가 생길 수 있으므로 잘 살펴야 한다. 사이판에 지내다 한국에 다녀와야 할 경우에는 미리 I-20의 뒷면에 교장 선생님 사인을 꼭 받아야 한다. I-20를 무사히 받고 나의 한 달 살기 중요한 임무가 해결되었다.

한국에 돌아와 정신없이 일을 하다 보니 어느덧 10월이 되었다. 아이들 학생 비자와 내 관광 비자를 알아봐야 한다.

미국 비자에 대한 모든 내용을 알기 위해서 주 미국 대사관 및 영사관(https://kr.usembassy.gov/ko/visas-ko/) 홈페이지를 참고한다. 한국어로도 설명이 되어 있어서 이해하기 편하고 콜센터도 운영하고 있으니 잘 모르는 부분이 있으면 너무 걱정하지 말고 전화를 해보자. 친절하게 설명해 주고 도움을 받을 수 있다.

학생 비자를 받기 위해서는 다음과 같은 과정을 밟게 된다. 인터넷 상에서 작업하는 일은 1~2주일 정도의 시간이 걸린 것 같다. 평일에는 일을 해야 했기 때문에 주로 주말에 시간을 내서 하였다. 물론 대사관 인터뷰에 필요한 서류들을 모두 준비하는 것은 시간이 많이 걸리는 일이므로 미리미리 준비해 놓아야 한다.

학생 비자 신청 순서

sevis fee 지불하기

sevis는 학생 비자를 신청한 학생들을 관리하는 전산 시스템이다. (https://www.fmjfee.com/i901fee/index.html) 사이트에서 I-20 정보를 입력하고 돈을 지불한 후 'I-901 SEVIS 납부 영수증'을 받는다. 2022년에는 350달러였다.

DS-160 신청

(https://ceac.state.gov/GenNIV/Default.aspx)에서 신청한다.

비자를 신청하는 사람에 대한 신상 정보를 입력하고 비자를 신청하는 곳이다. 아이 두 명 것과 내 것을 신청하는 사이에 주말이 지나갔다. 정말 어마어마하게 많은 시간이 소요되었다. 비슷한 질문에 계속해서 답을 하고 나면 속이 울렁거릴 지경이었다. 그리고 영어로 입력하다 보니 틀린 철자가 있는지 틀린 정보가 있는지 계속해서 살펴보게 된다. 눈도 많이 아프다.

필요한 정보와 서류들을 모두 준비해 둔 후 시작하는 것이 시간을 줄일 수 있다. 예를 들면 과거에 미국에 입국했던 날짜와 출국했던 날짜를 입력하는 부분은 미리 입출국 기록 증명서를 준비해 놓는 것이 좋다. 사이판 거주 예정 지역의 주소 등도 미리 알아 두어야 한다. 가족 친지가 아닌 보증인 두 명의 영문 이름과 주소도 미리 준비해 두어야 한다.

입력 시간이 20분 이상 초과하면 화면이 초기화되므로 자주 저장을 눌러 주어야 한다.

모든 입력을 마친 후에는 sign and submit applicating 버튼을 눌러 applicating해 준다. 그 이후에는 반드시 next confirmation 버튼을 누르고 print confirmation 버튼으로 출력을 해야 한다. 이 출력물은 꼭 비자 인터뷰 시 지참해야 한다.

비자 수수료 납부

내가 비자를 신청할 때만 해도 비자 수수료를 인터넷 뱅킹을 이용해 미국 은행 계좌에 직접 입금하였다. 2023년부터는 비자 수속 사이트를 새롭게 선보였고 이 사이트에 가입 후에 비자 수수료 납부의 과정을 거친다. 인터뷰 예약도 비자 수수료를 납부한 후에 이 사이트에서 할 수 있다.

 아이 두 명의 학생 비자를 신청하고 내 관광 비자를 신청하면서 극심한 정신적 피로를 느꼈다. 제대로 하고 있는지 걱정이었고 서류나 정보가 부족하거나 잘못된 것은 아닌지 몇 번을 검토했는지 모른다. 그리고 이렇게까지 준비했는데 내 비자가 나오지 않아 모든 것이 헛수고가 되지 않을까 스트레스도 많이 받았다. 혼자서 준비하기에는 시간이나 에너지가 부족한 분들은 전문 유학원의 도움을 받는 것이 마음이 편하다. 하지만 이렇게 비자를 스스로 준비하는 과정에서 뿌듯했고 무엇보다 돈을 아낄 수 있어서 좋았다. 스트레스와 시간을 감내할 자신이 있는 분들은 스스로 준비해 보는 것도 나쁘지 않다. 다행히도 비자 신청 과정을 자세하게 알려 주는 친절한 블로그들이 많다.

부모의 관광 비자 발급을 위해서는 DS-160 신청하기, 비자 수수료 납부, 인터뷰 예약의 과정을 거친다.

사진을 찍어 주시는
Mrs. Amanda 교장 선생님

미국 대사관에서 인터뷰 심사를 받다

　인터뷰 심사를 위해 30분 정도 예정 시간보다 일찍 미국 대사관에 입장하였다. 정말 많은 사람들이 줄 서 있었다. 화가 나는 부분은 비자 신청자가 이렇게 많은데 배려를 하지 않는다는 점이다. 은행처럼 번호표를 뽑는 방법도 있을 텐데 2시간 정도는 줄을 서서 마냥 기다려야 해서 다리가 아팠다. 의자에 앉고 싶지만 순서대로 줄 서 있기 때문에 쉴 수 없다. 따라온 아이들은 너무 지쳐서 바닥에서 쉬고 있거나 의자에 앉아 있다.

　영사관과 인터뷰하는 것도 분리된 공간이 아니기 때문에 줄을 서서 기다리는 사람들이 모두 들을 수 있다. 영사는 마이크로 스크린 앞에 선 비자 신청자와 대화를 나눈다. 다른 사람의 인터뷰 내용이 들리다 보니 참으로 민망하다. 사생활이 침해될 수 있는 부분이다. 비자 신청을 위해 어쩔 수 없이 이런 대접을 받아야 하다니! 화를 삭이다 보니 어느덧 인터뷰 장소에 가까워졌다.

　어쩔 수 없이 심사하는 과정을 보다 보니 여권을 되돌려주며 매몰차게 비자 신청이 거절당하는 젊은 여학생도 보이고 영사의 심문에 안절부절못하며 가져온 서류를 꺼내 들어 설명하는 아저씨도 보인다. 비자가 거절당하는 분들은 어깨가 축 늘어진 채 암담한 표정으로 되돌아서고 다행히 서류를 보완해서 제출하라는 분도 계신다. 인터뷰가 끝날 때 노란색 용지를 받으면 거절, 초록색 용지를 받으면 서류 보완해서 다시 심사받으라는 뜻이다. 나는 어떻게 될까?

2022년 당시에는 만 12세 이하 학생들의 비자를 우편으로 심사받았고 우리 아이들은 다행히 잘 통과하였다. 이번에는 내 관광 비자를 심사받을 차례인 것이다. 가져온 서류 뭉치를 준비해서 영사관 앞에 섰다. 좋은 인상을 남기기 위해 인사로 시작하였다.

"Hello! Good afternoon."

백인 영사관은 영어로 인터뷰할 것인지 한국어로 인터뷰할 것인지 묻는다. 어색한 한국말로 오랫동안 힘들게 인터뷰 진행하는 것을 안타깝게 보았기 때문에 둘 다 괜찮다고 얘기하였다. 영어로 인터뷰할 수 있다는 것에 표정이 밝아지는 것 같다.

관광 비자가 필요한 이유에 대해서 물었다. 그 질문에 대해서 아이들이 사이판 학교에 1년 동안 등록을 하였고 학생 비자를 받은 상태이니 곁에서 돌봐 주고 싶다고 얘기하였다. 그리고 나의 경우에 오랫동안 일을 했는데 이번에 육아 휴직을 하고 1년 동안 아이들과 잘 쉬고 싶다고 대답했다. 1년 후에는 복직을 할 예정이고 퇴직까지 열심히 일해야 한다며 슬픈 표정을 살짝 지었던 것 같다. 학교에는 기숙사가 없는지 다시 물었다. 짧게 없다고 대답하였다.

의외로 인터뷰는 간단하게 끝났다. 서류를 잔뜩 준비해서 갔는데 하나도 요구하지 않는다.

"You are approved."라고 대답해 줬던 걸로 기억한다. 내 여권은 돌려주지 않았고 일주일 후에 비자가 붙여진 상태로 우편으로 받게 될 것이다. 그제야 마음이 놓이면서 웃으며 "Thank you very much!"라고 대답하였다.

이제 아이들 비자와 내 비자가 모두 승인된 것이다. 정말 큰 산을 하나 넘은 기분이다. 내 비자가 거절될 경우에는 시간이 부족한 상태에서 모든 것을 원점에서부터 다시 시작해야 하기 때문이다. 엄마가 관광 비자 받는 것에 대해서 너무 걱정할 필요는 없다. 다행히 사이판은 휴양지이기 때문에 미국 본토보다는 엄마가 관광 비자 받기가 좋다. 실제로 사이판에서 만나게 된 엄마들은 모두 관광 비자를 받아서 사이판에 성공적으로 입국하셨다. 시간과 여유가 있다면 스스로 비자를 준비해 보고 너무 어렵게만 느껴진다면 대행업체의 도움을 받도록 하자.

ESTA 비자 받기

사이판은 미국과 마찬가지로 45일까지는 무비자로 입국이 가능하다. 하지만 한 달을 넘어서는 경우에는 ESTA 비자를 발급받아야 한다. 이 비자로 3개월까지 체류가 가능하다. ESTA는 비자 면제 프로그램의 일환으로 방문자들의 개인정보 등을 사전에 입력하는 제도이다. 신청비는 1인당 21달러이며 유효 기간은 발급일로부터 2년이다. 즉 한번 발급받으면 2년 동안 ESTA 비자로 재입국이 가능하다. 하지만 입국과 출국 후 충분한 기간을 두지 않고 반복해서 입국할 경우에 입국 거절 등의 문제가 생길 수 있다.

ESTA 비자를 받으면 보통 비행기 안에서 작성하는 입국 신고서를 따로 작성하지 않아도 된다. 관광객이 많을 때는 ESTA 비자 소유자들을 먼저 입국 심사 받게 해 주기도 하는데 특별히 큰 차이는 없다. 한 달 이내의 짧은 사이판 방문이라면 굳이 만들 필요는 없지만 한 달 이상 체류 기간이 늘어난다면 만드는 것이 좋다.

말도 많고 탈도 많던 사이판 입국 심사

사이판 이민국을 통과할 때마다 꼭 문제가 생기고는 하였다. 한 달 살기로 처음 방문했을 때는 숙소 바우처가 없어서 문제가 됐었다. 짧은 기간 동안의 여행은 괜찮지만 기간이 한 달을 넘어서면 좀 더 자세하게 묻는 것이다.

처음 한 달 살기로 사이판을 방문했을 때 이민국 직원이 물었다.
"How long are you going to stay in Saipan?"
"45 days."
"(놀란 눈빛으로) Are you going to stay here for 45 days? Where are you going to stay?"
"I'm going to stay at Lee's comfort house."
"(더 놀란 눈빛으로) What?"
숙소 이름도 하필이면 의심스럽기도 하다. 이름이 house지만 레지던스 숙소였던 것이다.
"(더 의심스러운 눈빛으로) Do you have a invoice or a receipt of it?"
"I don't have it."

20여 분 추궁을 당하고 거의 맨 마지막에 나왔다.

1년 살기로 다시 사이판 입국장에 들어설 때 이번에는 모든 준비가 완벽하다고 생각해서 자신 있었다. 심사관이 I-20(입학 허가서)를 보여 달라고 하기 전까지는 말이다. I-20가 보이지 않았다. 내 기억에 큰 캐리어에 있었던 것 같아서 수하물 캐리어에 있다고 했다. 그래서 자리를 옮겨 2차 심사를 대기하는 곳에서 기다렸고 (한쪽에 의자만 달랑 모여 있는 곳이다.) 이민국 직원들이 큰 캐리어를 가져왔다. 서류를 찾는 동안 손이 떨려 왔다. 다른 서류들은 다 있는데 그 서류는 보이지 않는다. 아뿔싸! 내가 가져갈 서류들을 분류할 때 중요하지 않다고 생각해서 빼놓은 것 같다. 머릿속이 하얘진다. 순식간에 이민국 직원들 앞에서 거짓말쟁이가 되었다. 세상에나, 내가 왜 그랬을까? 무거운 것도 아닌데 왜 뺐을까? 모두 챙겨 왔어야 했는데…….

이민국 직원은 그 서류가 없으면 입국이 안 되고 돌아가야 한다고 무서운 얼굴로 말한다. 대기실에서 한참을 기다렸다. 다행히 그곳에 한국계 미국인 J가 계셨다. 처음에는 영어만 쓰셔서 한국계 미국인인 줄도 몰랐다. 나중에 문제가 복잡해지니 한국어로 도와주신다. 이분이 아니었으면 입국이 거절되어서 1년 동안 준비했던 사이판 생활은 어이없게도 물거품이 되었을 것이다. 정말 아찔했던 순간이다.

일요일이어서 이민국에 없는 기관장에게 전화해서 임시로 입국하는 것을 허락받았다. 한 달간 입국을 허가하고 그동안 필수 서류를 미국 본토 이민국으로 제출해야 했다. 4시간 정도를 기다린 후 밖으로 나오게 될 때 어찌나 다행이던지. 이번 입국은 순탄할 줄 알았는데 이런 일이 벌어진 것이다. 미국 본토에서 새로운 I-20를 인증받기까지 또 다시 오랜 시간을 힘들게 기다리며 무척 애가 탔었다.

Saipan International Airport

세 번째로 이민국을 통과할 때는 두 번째 통과할 때 문제가 있었던 전력 때문에 또다시 의심을 받고 20분이 넘는 심사를 받아야 했다.

이렇게 늘 문제가 있었기 때문에 이민국 통과할 때마다 긴장했었는데 웬일인지 마지막으로 이민국 앞에 섰을 때는 마음이 편안해졌다.

이제 사이판에 1년 충분히 있었으니 허가가 안 되면 차라리 한국으로 돌아가도 나쁘지 않겠다는 생각을 했기 때문이다. 처음으로 긴장하지 않고 이민국 직원 앞에 섰는데 얼굴이 낯이 익다. 처음에 사이판에 왔을 때 땀나게 질문을 하던 Mr. G 이민국 직원이었던 것이다.

세상에나! 이번에도 쉽게 들어가긴 글렀군. 하지만 새벽이어서 피곤했던 것일까? 몇 번 질문하더니 도장을 찍어 준다.

"What is the purpose of the visit?"

이번에는 약간은 될 대로 되라는 심정이라 쿨하게 대답했다.

"For traveling and vacation. And I have to take care of my kids. They are students here."

"Which school do they go?"

"SCS."

"When are you leaving Saipan?"

"In May."

도장을 빨리 찍어 준 이민국 직원에게 Thank you very much! 하고 미소를 지으며 나왔다. 늘 이민국 통과할 때마다 꼴찌로 나오는 내가 이렇게 일찍 나온 걸 보면 다른 엄마들도 잘 통과했을 거라 생각했다. 하지만 나중에 알게 되었다. 내가 알고 있는 한 엄마가 입국할 때 입국 거절 위기에 처했다가 간신히 한 달 허가를 받은 것이다. 나와 똑같은 시기에 와서 똑같이 방학을 보내고 비슷한 시기에 입국하게 되었는데 정반대의 결과가 나온 것이다. 얘기를 들어 보니 까다로운 이민국 직원에게 걸린 모양이다. 관광 비자는 1년에 6개월만 지낼 수 있다며 너무 오래 있었다고 지적했다고 한다.

　이 이야기를 전해 듣고 다음 방학 때 한국에 다녀오면 입국은 힘들겠구나 생각이 들었다. 어떤 특별한 법이 있는 것도 아니고 이민국 직원의 입장에 따라 입국이 좌우되기 때문에 운에 맡겨야 하는 것이다. 하지만 보통 6개월 단위로 두 번에 걸쳐(방학 기간 두 달 동안 한국에 다녀올 경우) 1년까지는 관광 비자로 체류가 가능하다. 하지만 세 번째 입국할 때는 어떤 이민국 직원을 만나느냐에 따라 입국 여부가 좌우된다. 알고 있는 대부분의 엄마들이 세 번째도 무사히 입국했지만 장담할 수는 없다. 그래서 1년만 체류할 경우에는 보통 6개월 관광 비자를 발급받고 체류 기간이 늘어날 경우에는 CW 사이판 취업 비자로 전환하는 경우가 많다. CW 취업 비자는 한시적인 비자 정책으로 북마리아나 제도는 CW 사이판 취업 비자를 2029년까지 한시적으로 연장하였다. 그 이후에는 연장이 될지 폐지가 될지 미지수이다.

사이판에서 보금자리는 어디에 마련할까?

사이판 1년 살기를 준비하며 숙소를 어디로 할 것인지가 계속 마음이 쓰였다. 가격이 너무 비싸면 어쩌나 걱정도 되었다. 사이판에서 살아 보지 않아서 어느 위치, 어느 숙소가 좋은지 감이 전혀 없었기 때문에 인터넷으로 둘러보는 것이 전부였다. 그러던 중 한 달 살기를 하였고 그 당시에 이곳저곳 정보를 얻어 직접 방문해서 살펴보기도 하였다.

한국인이 임대를 하는 곳은 보통 가격이 비쌌고 현지인들이 임대하는 곳은 가격이 저렴하였다. 한국인이 임대하는 곳은 비싸지만 그만큼 의사소통이 잘 되고 문제를 바로바로 해결해 줄 수 있다는 점이 좋다.

내가 집을 구할 때 가장 중요했던 점은 학교와 가까울 것, 안전할 것, 시설이 고장 났을 때 바로바로 고쳐 줄 수 있는 곳, 가격이 너무 비싸지 않은 곳, 해변과 가까운 곳이었다. 내가 살펴본 곳 중에서 가장 마음에 드는 곳은 '위너스 레지던스(winners residence)'였다. 이곳은 한 달 살기 하는 엄마들 사이에서 가장 유명한 곳이고 한국인들의 대표적인 숙소이기도 하다.

위너스 레지던스는 장점이 많은 숙소이다. SCS(Saipan Community School), SDA(Seventh-Day Adventist School), SIS(Saipan International School) 학교와 비교적 거리가 가까운 편이다. 해변

이 가까워서 물놀이 가기 편하다. 비치로드에 위치하고 있어 섬 남쪽의 어느 곳이라도 교통이 편리하다. CCTV가 곳곳에 설치되어 있고 경비원이 있어 안전하다. 방범창이 잘되어 있고 부지 안에 규모가 큰 24시간 laundry(코인 세탁실)가 있어서 늦은 밤에도 사람이 많아서 안전함을 느낀다. 입주민을 위한 오피스가 있어서 수리 등이 필요할 때 언제든지 요청할 수 있고 빨리 문제를 해결해 주는 점이 좋았다. 그리고 직원들이 대부분 무척 친절하다. 롤러장이 부지 안에 있어서 주말에 아이들이 운동하며 놀 수 있는 점도 좋았다.

안 좋은 점을 얘기하자면 집 안에 세탁기와 건조기가 없기 때문에 자주 세탁실을 이용하는데 무거운 빨래통을 들고 세탁실까지 왔다 갔다 하는 일이 힘들다. 특히나 이불 빨래를 할 때는 팔도 아프고 다리도 아프다. 오래된 숙소다 보니 가구와 가전제품이 낡은 편이다.

하지만 학교가 가깝고 안전하다는 장점이 크기 때문에 위너스 레지던스를 선택했고 결과적으로 잘한 선택이었다고 생각한다. 내가 살고 있는 집은 큰 거실에 방이 두 개인 집인데 베란다가 넓어서 창문을 열면 시원한 바람이 들어오고 환기가 잘되는 점이 좋았다. 거실이 넓어서 아이들과 생활하는 데 답답하지 않아 좋았다. 보통의 숙소들은 6개월 이상 장기 계약을 하면 가격이 저렴해진다. 위너스 레지던스는 방의 개수에 따라 가격이 달라지는데 당시에는 대개 월 700~900달러 정도였다.

주변에 알고 지내는 한국인분들은 퍼시픽 팜(Pacific Palm Resort), 아낙스빌(Anaks Oceanview Condo), 스탠포드(Stanford) 또는 한국 교민들이 렌트하는 집에 거주하는 경우들이 많았다. 퍼시픽 팜은 큰 레지던스 구역에 독채가 군데군데 조성이 되어 있고 수영장과 오피스 세탁실 식당 편의시설 건물이 들어서 있다. 조경이 잘되어 있고 수영장을 언제든 사용할 수 있다는 장점이 있다. 위치도 가라판 또는 남쪽, 미들로드 모두 접근이 용이하다. 독채이다 보니 장점도 많지만 아무래도 개미 등 해충의 접근이 쉽다는 단점도 있다. 1년 렌트 시 방이 하나인 경우 월 900달러 정도 수준이다.

아낙스빌은 고급 레지던스로 수영장 시설이 있다. 정수된 물이 수도꼭지를 통해 나오기 때문에 따로 생수를 주문하지 않아도 된다는 장점이 있다. 그리고 세탁기가 구비되어 있어서 편리하다. 하지만 위치가 좀 외지기 때문에 장을 보러 나올 때 불편할 수 있다. 가격도 비교적 비싼 편인데 1년 렌트 시 월 1,200달러~1,500달러 정도였다. 다른 숙소들과 달리 개인이 각각의 숙소를 소유하고 있기 때문에 집주인을 통해서 집을 렌트해야 한다.

스탠포드는 가장 최근에 리모델링을 마친 곳이라 인테리어가 한국식으로 깔끔하다. 내부가 깨끗하고 가전제품 및 가구들이 새것이다. 세탁기가 집에 구비되어 있고 수영장 시설이 있다. 요즘 한 달 살기 인기 지역으로 떠오르고 있지만 위치가 동떨어져 있고 가끔 인터넷 수신이 원활하지 못할 때가 있다. 1년 렌트 시 패밀리 타입은 월 1,200달러 정도 수준이었다.

사이판 한국 교민들 사이에서 사용하는 카카오톡 물물거래 채팅방, 교민 채팅방을 이용해서 교민들이 렌트하는 집을 알아보는 방법도 있다. 집주인이 한국인이다 보니 의사소통이 편리하다는 장점이 있다.

레지던스가 아닌 개인 간의 거래를 통해 렌트를 얻는 경우 나중에 문제가 생기는 경우도 있다. 집이 훼손되었거나 고장 난 물건을 빨리 고쳐 주지 않아 생기는 문제, 전기세나 수도세 등이 정확하지 않은 문제, 렌트 기간보다 빨리 퇴거할 경우 보증금의 문제 등 사적인 문제로 충돌이 일어나는 경우가 있으니 집주인이 믿을 만한 사람인지 전 세입자와 문제는 없었는지 알아보고 계약하는 것이 좋다.

Pacific Palm Resort

Stanford

Winners Residence

Anaks Oceanview Condo

나를 대신해 달려 줄 자동차 렌트하기

나의 경우 자동차 렌트는 위너스 레지던스에서 함께할 수 있어서 할인받을 수 있었다. 한 달 살기로 오는 경우 중형 소나타 정도의 차 대여비가 월 900달러 정도의 수준이지만 1년 계약일 경우에 400달러 정도 이다. 다른 숙소에 거주하는 분들은 교민에게 자동차를 저렴하게 임대받거나 렌트카 회사에서 렌트를 받는데 6개월 이상의 장기 렌트를 하는 경우 대게 월 400~500달러 정도 선이었다.

렌터카 주의사항

렌터카를 처음 받을 때 반드시 처음 자동차의 상태를 동영상으로 촬영하거나 사진을 찍어 두어야 한다. 렌터카를 반납할 때 내가 사고 낸 것도 아닌데 흠집에 대해서 보증금을 돌려주지 않거나 수리비를 청구할 수 있다.

계약서에 사인을 하기 전에 약관을 잘 읽어 보는 것이 좋다. 특히 보험료 적용이 어떻게 되는지 살펴보는 것이 좋은데 작은 사고에 대해서 운전자가 수리비로 얼마까지 돈을 지불하는지 살펴보아야 한다. 500달러나 1,000달러까지의 수리비를 무조건 운전자가 지불해야 하는 약관이 많다. 도로 상태가 좋지 않다 보니 타이어에 구멍이 나는 경우가 많다. 가볍게 때워 수리하는 정도면 괜찮지만 타이어를 교체해야 할 경우 누가 비용을 내야 하는지도 미리 알아 두는 것이 좋다.

  자동차가 갑자기 고장이 나면 당황하기 쉽다. 한국과 같은 긴급 출동의 개념이 없으므로 차를 안전한 곳에 세우고 렌트한 회사로 전화를 해서 자동차 수리를 받을 수 있도록 한다. 자동차끼리의 접촉 사고의 경우에는 렌터카 회사로 연락하고 경찰에 신고를 해야 한다. 경찰에 신고를 하지 않을 경우에 보험 회사에 제출할 서류를 마련하지 못해 보험료를 받지 못할 수 있다. 또한 뺑소니로 신고를 당하는 경우 법적으로 큰 문제를 겪을 수 있다. 실제로 사이판에서 교통사고를 경험하고 트라우마가 심해져 더 이상 사이판에 거주하지 못하고 한국으로 떠나는 교민들이 있다고 한다. 사고가 나지 않는 것이 최선이지만 사고가 났을 경우 원칙대로 대처하는 것이 나중에 생길 문제들을 미연에 방지할 수 있다.

1년 6개월 동안 나와 함께한 자동차

SCS에 무슨 일이 있었나
– 다양한 학교 행사들

    1년 동안 학교에서 열렸던 중요한 행사들을 정리해 보았다. 학교에서 어떤 행사들이 열리는지 아는 데 참고가 되길 바란다.

    우선 사이판의 학교는 미국식 학제를 따라서 8월 초에 개학을 한다. 4개의 학기로 나눠지고 첫 번째 학기는 8월 초부터 10월 초까지, 두 번째 학기는 10월 초부터 크리스마스 휴가 전, 세 번째 학기는 1월부터 3월 초까지 네 번째 학기는 3월 초부터 5월 말까지이다. 매 학기가 끝날 때는 Report Card라는 성적표를 받는다. 성적표를 받기 한 달 전에는 Progress Report를 받는데 현재의 성적을 나타내고 노력 여하에 따라 학기 말에 받는 성적이 달라진다.

    학교와 학부모들은 '도조(Class Dojo)'라는 앱을 통해서 소통하였다. 도조에 교장 선생님과 담임선생님께서 올리시는 공지사항을 참고하여 학교 활동을 미리 준비할 수 있다.

    그 밖에도 SCS(Saipan Community School)에서 어떤 행사들이 있었는지 알고 싶다면 Facebook에서 SCS 계정을 방문해 보자. 많은 사진들과 영상들을 확인할 수 있다.

SCS OPEN HOUSE (2023년 8월 17일)

미국의 학교는 8월에 새 학년이 시작된다. 새 학년이 시작되고 나서 가장 큰 학교 행사는 Open House이다. 학부모와 학생들은 학교 오리엔테이션 행사에 참여하고 교실을 둘러보고 선생님들을 만나 인사도 하고 대화를 나누는 시간을 갖는다. SCS는 낙후되었던 교실, 놀이터 등을 새 단장 하여 아이들에게 더 좋은 교육 환경을 조성하였다. 선생님들도 인상이 좋으셔서 다행이었다. 선생님의 요청으로 아이들이 직접 영어로 교실 투어를 시켜 주었다. 집에서는 영어 쓰는 일이 없어서 잘 몰랐는데 6개월 사이에 영어가 많이 늘었구나 싶어 참 기특했다.

School Picture Day (2023년 8월 24일)

학교에서 사진을 찍는 날이다. 사진사가 학교를 방문해 개인 사진, 그룹 사진 등을 찍는다. 우리나라에서는 졸업 사진을 찍는데 여기서는 매년 사진을 찍는다. 사진을 구입하면 사진을 멋지게 편집하여 인화해서 보내 준다.

학교 학생증도 사진과 함께 신청한다. 학생증은 아이들 신분증 대용으로 쓰이니 신청하는 것이 좋다.

참고로 학년 말이 되면 Year Book 신청을 받는다. 학교 앨범과도 같은 소책자인데 School Picture Day에 찍은 사진들과 각종 행사들에서 찍은 사진들이 있다. 소중하게 1년을 추억할 수 있는 책자이므로 학년 말에 꼭 구입하도록 하자.

SCS Student Council

한국처럼 사이판의 학교도 학생회를 조직하고 학급 임원을 선출한다. 학급 임원(class representative)은 각 반 2명을 선출한다. 학교 학생회는 president, vice president, secretary, treasurer로 구성된다. 금요일 방과 후에 학교의 중요한 안건이 있을 때 학생회 회의를 하였다.

임원 선거에 나가면 일주일 정도 교내에 포스터를 붙여서 홍보를 하고 투표일에 전체 학생들 앞에서 후보자 발표를 하게 된다. 둘째는 선거에서 3학년 임원이 되었다. 사이판에 온 지 6개월가량이 지났는데 영어로 후보자 발표도 하고 금요일 학생회 회의도 참여하게 되다니 아이들의 성장이 놀랍기만 하다.

National Dog Day (2023년 8월 26일)

Samson은 학교에서 함께 생활하는 반려견이다. 큰 개인데 무척 순하다. 19살이어서 개 나이로는 할아버지이다. 아이들이 무척 좋아하고 Samson도 아이들과 함께 노는 것을 좋아한다. 특히 hide and seek(숨바꼭질)를 좋아한다. 나

이가 많아 기운 없을 때가 많은데 우리 아이들은 Samson이 장수해서 기네스 기록에 올라가기를 바라고 있다. 이날 아이들은 개 간식을 사서 Samson에게 선물로 주었다.

교장 선생님께서는 Samson이 심리적으로 문제를 겪는 아이들에게 많은 도움이 되었다고 하신다.

Learn about South Korea (2023년 9월 11일)

3학년 사회 시간에 다양한 나라의 문화에 대해서 배우는 시간을 가졌다. 한국에 대해서 공부하는 날 선생님께서 한국 아이들에게 한국을 나타낼 수 있는 것들을 가져와도 좋다고 하셨다. 둘째는 한복, 국어 교과서, 윷놀이를 가져갔다. 선생님께서 아이들에게 직접 설명할 수 있는 기회도 주셨다. 늘 수업 준비를 열심히 하시고 좋은 아이디어를 만들어 내시는 훌륭한 선생님을 만나 기쁘다. 비슷한 방식으로 중국과 일본에 대해서도 배우는 시간을 가졌다.

Photo by Miss Eekhoff

SCS Family Fun Night (2023년 9월 15일)

아이들과 재밌는 추억을 만들었던 행사이다. 페이스 페인팅, 양궁, 사진 찍어 주기, 재미있는 게임들에 참여했다. 각종 게임에서 좋은 점수를 받으면 선물도 받을 수 있었다. 푸드 트럭이 준비되어서 음식도 사 먹고 밤에는 영화를 상영해서 아이들은 학교에서 준비해 준 쿠션 의자에 앉아서 편하게 영화를 감상하였다. 행사를 열심히 준비해 주신 선생님들께 감사했다.

SCS Spirit Week (2023년 10월 23일-27일)

한 주 동안 SCS 주간 활동을 하였다. 월요일 Dynamic Duo Day에는 친구와 똑같은 색의 옷을 입고 학교에 갔다. 화요일 Teacher&Student Swap Day에 첫째는 내 원피스를 입고 가고 둘째는 넥타이를 하고 알이 없는 안경을 쓰고 갔다. Comfy Cozy Crocs Day에는 크록스를 신고 잠옷을 입고 솜 인형을 가지고 학교에 갔다. 매일 운동화를 신어야 하기 때문에 크록스를 신고 학교에 가는 것에 무척 신나 했다. 일주일간 다른 친구들의 재미있는 복장을 보면서 축제 같은 시간을 보냈다.

Character Day (2023년 10월 31일)

10월 31일은 핼러윈이다. 이날 사이판 전체가 들썩인다. trick or treat으로 사탕과 간식을 받기 위해 부모님과 함께 다니는 아이들도 많이 보인다. 10대들도 친구들과 함께 재밌는 복장을 하고 가라판 시내를 걷거나 일부러 폐가 같은 곳을 찾아서 사진을 찍기도 한다. 도서관이나 가라판 시내의 상점들은 아이들을 위해 간식을 준비해 놓는다. 이날 가라판으로 나가면 다양한 소품으로 변장한 사람들을 구경할 수 있고 아이와 함께 trick or treat 활동을 하며 간식을 모으는 재미도 크다.

학교에서도 핼러윈 날 캐릭터데이 행사를 하였다. 아이들이 좋아하는 캐릭터로 분장하고 오도록 하였다. SCS는 기독교 학교이기 때문에 기독교 정신과 어울리지 않는 복장  은 하지 않고 오도록 안내하였다.

Cultural Day (2023년 11월 3일)

세계 문화의 날 행사가 매년 있다. 아이들은 자기 나라의 고유 의상을 입고 각 나라의 음식을 준비해서 온다. 아이들은 서로의 문화에 대해서 배우며 재밌는 게임도 하고 가져온 음식을 함께 나눠 먹는다.

Christmas Band Concert (2023년 12월 7일)

SCS의 자랑 음악 밴드는 학기에 한 번 연 4~5회 정도 정기 공연을 한다. 열정적인 Ms. Ruthi 음악 선생님 덕분에 시간이 지날수록 아이들이 음악적으로 성장해 나간다.

크리스마스 밴드 콘서트는 학교 밴드 콘서트 중 가장 큰 행사이다. 각 학년의 모든 학생들이 음악 공연을 준비한다. 큰 행사인 만큼 준비 기간도 길고 연습하는 데 많은 시간을 들였다. 크리스마스 공연만 2시간 넘도록 하였다. 준비한 합창곡, 리코더, 우쿨렐레 등 연주곡들이 정말 많았다. 크리스마스 기분을 흠뻑 낼 수 있는 뜻깊은 자리였다. 유치원 아이들은 아기 예수님과 마리아, 요셉 분장을 하고 나타나 공연하는 동안 자리를 지켰다. 하품을 하고 장난을 치는 아이들의 모습이 너무 웃겼다. 마지막으로 모든 학생들이 「피에스타」를 합창하며 공연을 마무리했는데 아주 훌륭한 공연이었다. 음악 선생님은 지휘하랴 반주하랴 아이들 준비시키느라 너무 힘드

셨을 텐데 마지막 반주를 마치고는 거의 탈진하실 정도로 힘들어 보이셨다. 학부모들에게 뜻깊은 시간을 마련하고 아이들에게 멋진 경험을 선사해 주신 학교와 선생님들께 정말 감사했다.

Saipan Community School Stem Fair (2024년 2월 9일)

매년 각 학교에서는 과학 전시회 행사를 한다. 과학과 관련된 주제로 실험을 하거나 조사를 한 후 포스터를 만들어 전시한다. 외부에서 과학 관련 전문가들이 방문해서 포스터들을 둘러보고 학생들에게 질문을 하기도 하고 잘된 점들을 얘기해 준다. 심사를 거쳐 우수한 학생에게 상장을 주고 우승한 학생은 괌에서 열리는 과학 행사에서 전시할 수 있는 기회도 준다.

첫째는 다양한 우유 종류의 무게에 대해서 조사하였다. 며칠 동안 준비하는 데 많은 시간이 걸렸다. 아쉽게도 상을 받지는 못했지만 실제로 실험하고 그 결과를 도출해서 전시하는 과정을 통해 과학 실험의 과정을 직접 체험해 볼 수 있었다.

Candy Gram (2024년 2월 14일)

밸런타인데이는 사이판에서 중요한 날이다. 연인뿐만 아니라 친구들 사이에 우정을 표현하는 날이다. 이날은 학교에서 친구들과 서로 초콜릿이나 사탕 같은 간식을 주고받는다. 학교 학생회에서는 'Candy Gram' 행사를 한다. Candy Gram을 구입하면 원하는 친구나 가족 이웃에게 학생회에서 초콜릿이나 사탕을 전달해 준다. 친한 친구들에게 Candy Gram을 전달하면 많이 기뻐한다. 모인 돈은 학생회에서 자치적으로 학생들의 여러 활동들을 위해 사용한다.

Walk for the Red (2024년 4월 20일)

매년 사이판 적십자에서는 'walkathone(걷기와 마라톤을 합친 말)' 행사를 진행한다. 학교를 통해 적십자 모금 활동을 하고 walkathone 행사에 참여한다. 기부금에 따라 티셔츠 등을 기념품으로 받고 샌드위치와 과일 등의 간식을 받기도 한다. 기부를 많이 하면 각종 할인 티켓을 받을 수 있다. 행사장에서는 공연도 하고 아이들이 재밌게 참여할 수 있는 여러 활동들도 많다. 5㎞ 정도를 걷고 돌아오는 활동을 하는데 우리는 작년에 2㎞ 정도를 함께 걸었다. 걷는 동안 마라톤 경기처럼 중간 중간에 물이나 음료 등을 제공해 준다.

Bake Sale

학생회에서 졸업식 행사와 우쿨렐레 공연을 위해 베이커리를 팔았다. 학생회는 밸런타인데이 캔디 그램 행사나 세차 서비스 같은 활동을 하며 자체적으로 모금 활동을 벌인다. 우리나라는 학생회에서 이런 활동을 하지 않는데 돈을 걷는 것에 대한 부정적인 인식 때문인 것 같다. 개인적으로 이런 모금 활동들이 학생들의 경제 인식을 키워 주는 데 도움을 준다고 생각한다. 모든 것을 받기만 하면 돈의 소중함과 중요성을 놓치게 된다. 이런 기금 모금 행사를 통해 열심히 땀 흘려 번 돈의 가치를 알게 되고 이렇게 모은 돈으로 졸업식과 공연을 성공적으로 마치면 해냈다는 성취감도 클 것이다. 이번 우쿨렐레 공연은 한국에서 할 예정이라는데 좋은 결과 있기를 바란다.

SCS ART SHOW&YOUNG WRITERS SHOWCASE (2024년 4월 19일)

매년 4월 말경에 아트쇼와 글쓰기 작품 전시를 한다. 미술 전시회처럼 외부에서 열리는 행사로 많은 사람들이 관람하러 아트쇼를 찾는다. SCS의 큰 자랑 중의 하나가 음악 밴드가 있다는 점이고 또 다른 장점은 훌륭한 미술 선생님이 계신다는 점이다. 선생님께서 아이들을 꾸준히 미술 지도를 해 주셔서 학생들의 미술 실력이 시간이 지날수록 많이 향상된다. 아트쇼에서는 학생들의 작품이라고는 믿기지 않을 정도의 다양한 기법들의 훌륭한 미술 작품들이 많았다.

School Field Trip (2024년 4월 24일)

1년에 한 번 정도 소풍을 간다. 사이판은 워낙 작은 곳이다 보니 소풍을 갈 만한 장소가 많지 않다. 소풍은 보통 메모리얼 파크, 해변, 워터파크 등으로 간다. 이번 3학년은 처음으로 'SeaTouch'에 가게 되었다. 선생님께서 소풍 얘기를 하시자 아이들이 환호성을 질렀다고 한다. 크라운 플라자 리조트 내부에 있는 SeaTouch는 독을 제거한 가오리들과 함께 수영하고 가오리를 직접 만질 수 있는 곳이다.

SCS Talent Show (2024년 4월 5일)

장기자랑 대회가 매년 열린다. 꼭 대단한 것을 준비할 필요는 없다. 작년에 한 아이는 태권도 시범을 보여 줬는데 발차기 한 번 하고 끝났다. 그래도 관중석에 있는 사람들은 박수를 크게 쳐 주었다. 사이판에서는 학생들이 성장하는 과정을 중요시하므로 부담 없이 장기자랑 대회에 참여해도 된다. 노래, 춤, 무용 등 어떠한 분야도 상관없다. 올해 우리 아이들은 음악 줄넘기를 준비하였다. 처음에는 한국에서 장기자랑을 준비하듯 완벽하게 딱딱 맞는 줄넘기 공연을 해야 하나 걱정이 되었다. 하지만 준비하면서 운동도 열심히 하고 재미있게 즐기자는 마음으로 참여하였다.

　장기자랑 당일 아이들은 많이 긴장하였지만 무사히 공연을 마쳤다. 잘된 부분도 있고 줄이 몇 번 걸리며 아쉬운 부분도 있었지만 그것도 모두 좋은 경험이라고 생각한다. 공연을 연습하며 줄넘기가 많이 늘었고 과정 속에서 재밌는 추억도 많이 만들었다. 용기를 내서 아이들이 무대에 올라온 것만으로도 무척 대견하다. 덤으로 장기자랑 대회에 참여하여 상장도 받고 아이스크림 쿠폰도 받아서 아이들이 무척 기뻐했다.

Promotion Celebrations (2024년 5월 17일)

　5월 한 학년이 끝나 갈 무렵이 되면 SCS에서 8학년은 졸업식을 하고 유치원과 5학년은 'Promotion Celebration'을 한다. 학교를 졸업하는 것은 아니지만 유치원에서 초등학생으로 초등학생에서 중학교로 진급하는 행사를 하는 것이다.

　우리나라 졸업식과 비슷했다. 목사님의 기도를 시작으로 교장 선생님의 축사, 담임 선생님의 당부 말씀, 그리고 아이들의 소감을 듣는 순서가 있었다. 그리고 아이들이 투표를 해서 미래에 아이들이 어떤 일을 하게 될지 예상한 것으로 'Most Likely to do~' 상장을 받는 순서도 있었는데 재밌었다. 아이들은 Most likely to be a president, Most likely to be a CIA, Most likely to be a millionaire, Most likely to be a Tic-toc influencer 등등의 상장을 받았다. 첫째는 Most likely to do a random act of kindness를 받았는데 좋은 인성이 최고라고 생각하기 때문에 기뻤다.

첫째는 한국 학교에서 아파서 초등학교 1학년 입학식도 가지 못했는데 외국에 나와 있어서 졸업식도 가지 못하게 되었다. 그래서 Promotion 행사가 우리에게는 의미가 크다. 내 손을 잡고 처음으로 어린이집에 간 날, 다른 아이들과 호기심 어린 눈으로 어울리던 모습이 너무나도 선한데 이제 초등학교를 마친다니 훌륭하게 잘 자라 줘서 참 고맙다.

이곳에서 계속 공부한다면 같은 반 친구들과 신나게 음악도 연주하고 알콩달콩 그들만의 우정을 쌓아 갈 텐데 아쉽기만 하다. 그래도 사이판에 와서 아이들이 학교에 잘 적응하고 1년 6개월 동안 많은 성과를 이뤄 내서 이 정도면 아주 충분하다.

아이들과 자주 가는 Joten Kiyu 도서관

언어에 있어서 한글도 영어도 책 읽기만큼 좋은 활동은 없다.

어렸을 때 아이들을 키우면서 가장 중점을 두었던 것 중 하나는 독서였다. 아주 어렸을 때부터 책을 중고로 많이 구입해서 아이들에게 책을 읽어 주었다. 다른 건 몰라도 이것만큼은 정말 많은 노력을 기울였다. 책을 좋아하던 아이들은 끊임없이 책을 가져와서 내 무릎에 앉아 책을 읽어 달라고 하였다. 아이들이 좋아하는 책은 하루에 10번도 넘게 읽어 달라고 해서 내 속이 울렁거릴 정도였다. 하지만 최대한 목소리 연기를 하며 열심히 읽어 주었다.

육아 휴직이 끝나고 바빠져서 예전만큼 책을 읽어 주지는 못했지만 방학이 되면 도서관을 자주 간다. 도서관만큼 아이들을 성장시키는 공간은 없다고 생각하기 때문에 자주 가려고 노력하고 한번 가면 한글책과 영어책을 욕심껏 빌려 왔다. 물론 태반이 안 읽은 채로 반납하는 책들이었지만 말이다.

지금은 한국 책을 마음껏 읽을 수 없는 부분이 참 안타깝다. 한국에 돌아가면 이제 양질의 책을 골라서 읽는 시간을 가지려고 한다.

한국에서도 도서관을 너무 좋아했기 때문에 사이판에서 가장 반가웠던 공간이 도서관이다. 도서관만큼은 매일 와야겠다는 생각이 들었다. 아이들의 일정이 바쁘다 보니 도서관에서 원 없이 시간을 보낼 수는 없지만 적어도 40분 정도는 매일 도서관에서 시간을 보내려고 노력한다.

한번은 첫째 아이의 반이 도서관으로 견학을 간 적이 있다. 도서관 견학 때 안내를 해 주신 도서관 직원이 첫째를 알아보며 "너는 내가 알지. 도서관에 자주 오잖아."라고 하면서 다른 아이들에게 도서관에 몇 번이나 왔는지 물어봤다고 한다. 도서관 직원들도 자주 들락거리는 우리의 존재를 알고 있구나 하는 생각에 웃음이 나왔다.

둘째의 경우에는 학부모 상담(?)을 해 준 일화도 있다. 1월이 되면 한국에서 한 달 살기 학생들이 많이 온다. 올해 둘째 반에는 평상시보다 더 많은 단기 학생들이 왔다. 둘째는 학급 임원을 하고 있었기 때문에 선생님을 도와서 단기 학생들 통역을 많이 해 주었다. 하루는 둘째가 수업이 끝나고 내가 오기를 기다리는데 한 아이의 엄마가 잠깐 얘기할 수 있냐며 대화를 나누기 시작했다는 것이다. 그 어머니는 둘째에게 사이판 학교생활이며 영어 공부며 급식 등 전반적인 것들을 물어보셨다고 한다. 그리고 둘째가 어떻게 그렇게 영어를 잘하는지도 물어보셨다고 한다.

"매일 학교 끝나고 도서관 가서 책을 읽는데 그게 도움이 많이 됐다고 얘기해 드렸어. 그리고 도서관에서 읽으면 좋은 책들 목록에 대해서도 말씀드렸어." 그렇게 도서관 가는 걸 싫어하면서 도서관을 가라고 추천해 드리다니 웃음이 났다. 스스로도 도서관에서 책 읽는 게 도움이 많이 된다고 느끼는 것 같다.

1월이 끝나 가고 단기 학생들의 마지막 날 그 어머니는 아이를 통해 간식 선물과 편지를 보내 주셨다. 편지에는 '함께 대화 나눠서 즐거웠고 도움이 되었다.'라는 내용이 적혀 있었다. 영어를 배워서 이렇게 다른 친구들에게 도움을 줄 수 있고 보람을 느낄 수 있다는 점이 뿌듯하다.

우리는 학교 끝나고 바로 도서관에 가는데 늘 아이들은 피곤하다고 온갖 핑계를 대며 집에 가고 싶어 한다. 하지만 막상 도서관에 와서 재미있는 책을 읽기 시작하면 몰입해서 책을 읽는다. 처음 사이판에 왔을 때 둘째는 쉬운 책도 나에게 읽어 달라고 할 정도로 읽기를 어려워했다. 1년이 지난 지금은 4~5단계(미국 4학년 수준의 영어책) 수준의 책도 스스로 읽는다. 모르는 단어도 많겠지만 한글책을 읽을 때처럼 앞뒤 문맥을 통해 의미를 자연스럽게 파악하며 읽는다.

도서관에서 꾸준히 책을 읽는 습관이 아이들 영어 실력 향상에 도움이 많이 되었다. 독서를 통해 어휘력을 늘려 주어 좀 더 고급스러운 표현, 자세하게 묘사하는 방법을 배울 수 있다. 또 다른 독서의 장점은 마음으로 전해지는 여운이 있다는 것이다. 그것이 재미와 감동이 될 수도 있고 교훈이 될 수도 있다. 마음을 따뜻하게 해 주고 즐거움을 주는 독서를 통해 배운 표현과 어휘는 가슴 속에 더 오래오래 남고 비슷한 상황에서 자연스럽게 표현할 수 있게 된다.

도서관에서는 행사를 자주 한다. 핼러윈, 크리스마스, 밸런타인데이, 부활절 등등 각종 행사가 있을 때마다 아이들을 위한 특별한 활동을 마련한다. 핼러윈 때는 'trick or treat' 행사에 참여해서 간식을 많이 받았다. 크리스마스 때는 제비뽑기로 선물을 받았고 부활절 행사 때는 도서관 에그헌트에 참여하였다. 만들기나 책 읽어 주기 활동도 자주한다. 토요일에는 영화 상영을 하고 학교 급식을 대신해서 점심 도시락을 주기도 한다. 거의 매일같이 도서관에 가니 도서관 직원들이 먼저 다가와서 이번에 어떤 행사가 있으니 참여하라고 얘기해 주신다. 도서관만 잘 활용하여도 사이판에서 많은 것을 배우고 아이들 기억에 오래 남을 좋은 추억들을 많이 만들 수 있다.

사이판에서 받는 개인 과외

사이판에서 개인 과외를 받고 싶어 하는 분들이 많으실 것이다. 사이판에는 한국 같은 수학이나 영어 학원, 입시 학원이 거의 없다. 그래서 역설적으로 사이판으로 유학 온 많은 학생들이 방학 때마다 한국으로 돌아가 미국 SAT를 위한 영어 공부와 수학 공부를 하고 돌아온다. 그래도 이 작은 섬에서도 수소문해 보면 우리 아이에게 필요한 수업을 찾을 수 있다.

나의 경우 아이들이 피아노를 꾸준히 했으면 했는데 다행히 피아노 지도를 해 주시는 선생님을 찾았다. coffee stop 건물에 사시는 분인데 꼼꼼하게 성실하게 지도해 주셔서 참 감사했다. 숙제도 내 주셔서 집에서도 그나마 꾸준히 연습할 수 있었다.

여름방학 때는 한 달 정도 사이판에 더 머물렀는데 아이들을 놀게 할 수만은 없었다. 다행히 학교 영어 선생님께 과외를 부탁할 수 있었다. 학교 담임 선생님이나 ESL 전문 선생님께서 방과 후에 개인 지도를 해 주시는 경우가 있으니 학교에 문의해 보는 것도 좋다.

둘째는 체조를 배우고 싶어 했다. 외국에서는 어린 여학생들이 gymnastic 체조를 많이 배운다. 아는 분을 통해 체조 수업을 등록할 수 있었다. 미들로드 American nail 건물 뒤 옆 건물 1층에 체조 교실이 있다. 아쉽게도 수업에 많이 참여하지는 않았지만 아이가 무척 즐거워했고 유연성과 근력을 키우는 데 좋은 운동이라고 생각한다.

우리 아이들이 학교 외 시간에 따로 지도받은 것은 이게 다였지만 다른 아이들의 경우 다양한 개인 지도를 받는다. 전문적으로 수학을 가르쳐 주시는 선생님도 계시고 아이들의 학교 수업과 영어 과제를 도와주시는 분도 계신다.

특히 운동을 배우는 학생들이 많은데 테니스나 골프를 주로 레슨을 많이 받는다. 레슨을 주로 해 주시는 분들 유명한 몇 분이 계시기 때문에 교민들을 통해서 정보를 쉽게 얻을 수 있다. 수영을 배우고 싶은 경우에는 사이판에 대표적으로 쓰나미 수영팀과 사이판 스위밍팀이 있어서 코치에게 훈련 장소로 개별적으로 찾아가서 상담을 한 후 가입할 수 있다. 그런데 가볍게 취미로 하는 것이 아니라 대회 준비를 많이 하기 때문에 강도 높은 훈련을 받는다는 얘기가 있다. 단기 학생은 받지 않고 장기간 참여할 수 있는 아이들이 가입할 수 있다.

 사이판에서의 한국 공부

　사이판에서 1년만 지낼 계획이었기 때문에 한국 공부를 손 놓고 있을 수 없었다. 사이판에서 공부를 마치고 한국으로 돌아갔을 때 아이들이 학교 수업을 잘 따라갈 수 있도록 여기서도 꾸준히 한국 공부를 해야 한다. 하지만 사이판 현지 학교를 마치고 집에 돌아오면 오후 시간이고 학교 숙제를 하고 운동을 하고 개인적으로 배우는 것을 배우고 나면 늘 시간이 부족하다. 한국에서 배우는 전 교과를 모두 섭렵하는 것은 현실적으로 힘들다. 그래서 국어, 수학, 사회, 과학 같은 주요 교과만 공부하기로 하였다. 한국 학교에서 공부하는 것처럼 제대로 배우기는 힘들겠지만 기본적인 것들을 배워서 학습에 큰 공백이 생기지 않도록 하기로 하였다.

　기본적으로 한국 공부는 아이들 스스로 공부하도록 하였다. 실제로 내가 적극적으로 먼저 가르쳐 준 것은 아무것도 없다. 내가 도와준 것은 수학 공부할 때 잘 모른다고 알려 달라고 요청이 들어오면 도와주었고 단원이 끝날 때마다 단원평가 문제를 풀고 틀린 문제가 있을 때 같이 다시 문제를 풀어 보는 것이 전부였다. 적극적으로 도와주고 싶어도 생각보다 식사를 준비하는 등 집안일하는 데 시간이 많이 걸려서 도와주기가 쉽지 않았다. 결과적으로 원하든 원하지 않든 자기주

도적인 학습이 되었다. 단원평가 결과를 보고 아이들이 얼마나 알고 있는지 제대로 공부했는지 점검할 수 있었는데 한국에서 공부한 만큼의 성과는 아니지만 어느 정도는 잘 따라가고 있어서 안심이 되는 정도는 되었다.

아이들이 혼자 공부할 때 이용한 것은 초등 아이스크림 사이트와 EBS였다. 초등 아이스크림 홈런이나 엘리하이 같은 인터넷 기반 학습 사이트를 이용하여 국어, 수학, 사회, 과학 공부를 할 수 있다. 교과서는 학기 초에 학교에서 받을 수 있는데 시기가 맞지 않는다면 출판사 홈페이지나 쿠팡 같은 인터넷 쇼핑몰에서 주문할 수 있다. 새 학기 직전에는 새 책을 구입하기 어려우므로 미리미리 구입하는 것이 좋다.

EBS가 얼마나 고마운 존재인지 모른다. 한국에서도 수학은 EBS '만점왕'으로 공부했는데 사이판에서 더 빛을 발한다. EBS에서 만점왕 수업 영상을 볼 수 있기 때문이다. 선생님에게서 기초적인 원리를 배우고 문제를 푼 후 영상을 보면서 채점을 하고 틀린 문제를 다시 풀어 본다. EBS에서 제공하는 모든 수업은 무료인 데다 선생님들도 모두 훌륭하시다. 가르치는 내용도 체계적이다. 외국에서 한국 공부 할 때 EBS만 한 것이 없다. 만점왕은 수학뿐만 아니라 국어와 사회, 과학도 있다. 하지만 4개의 과목을 모두 만점왕으로 공부하는 것은 시간이 부족하다. 국어, 사회, 과학은 교과서 위주로 공부하였다. 그리고 EBS에서 문제집 없이 교과서 내용을 설명하는 부분만 동영상 강의를 듣고 문제 풀이 부분은 생략하였다. EBS를 적절하게 잘 활용하여 한국 학교 공부 하는 것을 추천하고 싶다.

국어의 경우 답을 책에 직접 쓰거나 활동 내용을 책에 기록하는 난이 있다. 수학이나 수학익힘책도 문제의 답을 교과서에 직접 쓸 수 있다. 매일 교과서를 살펴보고 아이들이 꾸준히 공부하고 있는지 살펴보는 것이 좋다. 스스로 잘하는 아이들이라도 마음이 해이해져서 대충 교과서에 답을 정리하는 일이 생기므로 짧은 시간이라도 살펴보는 것이 좋다. 사회와 과학의 경우 공부한 내용을 정리하고 기록할 수 있도록 배운 내용을 공책에 꾸준히 정리하도록 한다. 정리하면서 배운 내용을 다시 한번 기억하고 복습할 수 있어서 좋다. 사회와 과학의 경우 오늘 공부한 내용에 대해 짧게라도 엄마에게 설명해 달라고 하면 배운 내용을 잘 이해하는 데 도움이 된다.

교과 공부도 열심히 해야 하지만 또 중요한 것이 있다면 한글 쓰기이다. 초등학생 시기에 외국에 나오면 새로운 언어를 빨리 습득하는 만큼 모국어 어휘력은 감소하기 시작한다. 우리 아이들도 겨우 1년이 지났을 뿐인데 익숙하지 않은 한자어의 뜻을 잘 모르는 경우가 있어서 깜짝 놀란다. 한국 학교 교육을 받지 않고 독서를 많이 하지 않으니 자연스럽게 생기는 현상이다. 이러한 현상을 조금이라도 줄이고자 일주일에 몇 번씩은 일기를 쓰라고 하였다. 아이의 자존감을 위해서 따로 검사를 하지는 않았다. 내용도 쓰고 싶은 만큼만 쓰라고 하였다. 하지만 글씨도 예쁘게 쓰려고 노력하고 내용이 짧더라도 알차게 써야 한다고 부탁했다. 우리의 경우에는 하루는 한글 일기를 쓰고 하루는 영어 일기를 번갈아 가면서 썼다. 매일 꾸준히 있었던 일과 자신의 생각을 글로 정리해 보는 습관을 들인다면 한글 글쓰기 실력과 영어 글쓰기 실력 향상에도 도움이 된다.

  초등학교 저학년이나 유치원 아이가 2년 이상 장기간 사이판에 머물러야 한다면 사이판에 있는 한글학교도 고려해 볼 만하다. 일주일에 한 번 토요일 오전에 한글학교에서 한국어를 공부한다. 교민 자녀들이 많이 다니는 학교이다. 꾸준히 다닌 아이들은 한국어를 한국에 있는 아이들만큼 자연스럽게 사용한다. 한국에서 계속 산 아이가 아닐까 싶을 정도로 구수한 말들을 한다. 사이판에서 태어난 둘째 아이의 친구는 나를 보면 "이모~" 하고 부르기도 하고 선생님에 대해 얘기할 때 "우리 선생님은 진짜 야물딱져요!" 얘기하는 것이었다. 어른에게 사용하는 말은 아니지만 표현력에 깜짝 놀랐다. 반면에 한국 아이지만 한국말을 어눌하게 하는 교민 자녀들도 많다. 미국에서는 영어와 다른 언어를 모두 잘 사용하는 것이 큰 능력 중 하나이고 그만큼 다양한 분야에서 일할 수 있는 기회도 많아진다. 영어와 한국어를 모두 잘 갖출 수 있는 기회가 있지만 한국어를 많이 사용하지 않으면서 어눌하게 사용하는 아이들을 보면 안타깝다. 장기간 사이판에 살게 된다면 한글학교에 꾸준히 다니면서 한글 독서를 많이 하고 가정에서는 한국어를 사용하는 것이 좋겠다.

MathCourt 대회

    1년 이상 사이판에서 지내면서 가장 기억에 남는 대회는 'MathCourt' 수학경시대회와 'Spelling Bee' 대회였다. 두 대회에 대해 아이들이 좋은 추억을 가지고 있고 수학과 영어를 더 좋아하게 되는 계기가 되었다.

    SCS(Saipan Community School) 학교에 2월에 처음 왔을 때 교장 선생님께서 혹시 수학에 관심 있냐고 아이들에게 물어보셨다. 수학대회가 있으니 한번 참여해 보라고 하셨다. 한국인 학생들은 보통 수학을 잘하기 때문에 물어보시는 것 같았다. 아이들의 대답은 "수학 정말 싫어요!"였다. 아이들이 수학을 너무 싫어하는 것을 알고 있었기 때문에 수학경시대회는 처음부터 안중에도 없었다. 그랬던 아이들이 웬일인지 그다음 11월에 치르는 수학경시대회에 나가겠다고 신청서에 사인을 해 달라고 한다. 이게 무슨 영문인가 했더니 같은 반 친구가 같이 해 보자고 했단다. 정말 친구의 중요성을 다시 한번 느끼게 되었다. 내가 하라고 하면 절대로 안 할 텐데 모범생 친구가 한다고 하니 본인도 같이하고 싶단다. 수학을 본인이 먼저 하겠다고 나서니 얼씨구나 싶었다.

    그렇게 알게 된 대회가 MathCourt이다. 알고 보니 이 대회는 미국 전체에서 예선전을 치르고 사이판에서 우승을 하면 미국 본토에 가서 결승전을 치르는 대회였다. 한마디로 수학 영재 수학 천재들을 가리는 대회 같은 것이다. 고등학교에서 이 대회에서 입상하면 대학 입시에서 유리한 실적이 된다고 한다.

이 대회에 대해 아는 바가 전혀 없어서 담당 선생님께 찾아가 이것저것 여쭤보았고 시험 가이드라인 종이를 받을 수 있었다. 교장 선생님께서는 지난 시험지를 복사해서 주셨다. 시험 규칙이 의외로 까다로워서 미리 아이들이 숙지하고 가야 할 점들이 있었다. 예를 들면 어떤 라운드는 문제를 몰라도 다 푸는 것이 유리하고 어떤 라운드는 문제를 틀리면 감점이 많아서 오히려 안 푸는 것이 유리하기도 했다. 그리고 특이한 점은 그룹 라운드가 있다는 것이다. 같은 학교 3~4명으로 구성된 아이들이 문제를 함께 푸는 것이다. 이것은 개인 점수에 반영되지는 않고 그룹 간 대결로만 점수가 계산된다. 일반적인 대회는 보통 개인 간의 경쟁으로 우열을 다투는데 그룹 라운드는 함께 협동해서 문제를 해결하는 것의 중요성을 알게 해 준다는 점에서 인상적이었다.

초등학교 문제는 어떤 것이 있는지 살펴보니 너무 어려워서 깜짝 놀랐다. 빨리 문제를 풀어야 하는 넘버 센스 라운드(Number Sense Round)는 80문제이고 앞 문제들은 쉬운 문제이지만 뒤로 갈수록 초등학교 과정이 아니라 중고등학교 수준의 문제들이 섞여 있다. 15분 동안 최대한 빨리 푸는 라운드인데 우수한 아이들도 대부분 20번~50번 사이에서 끝이 난다. 다른 라운드인 스프린트 라운드(Sprint

Round), 타깃 라운드(Target Round)도 문제 난이도가 정말로 어렵다. 초등학교 1학년부터 5학년까지의 학생들이 풀 수 없는 문제들이 많았다. 큰 아이는 예상 문제지를 풀어 보고 점수를 계산해 보니 마이너스 몇십 점이 나왔다. 좋은 등수는 둘째치고 참여하는 데 의의를 둬야 하겠구나 생각했다. 시험까지는 일주일 정도의 시간이 있었는데 하루에 몇 문제씩 풀어 보았다. 어렵고 복잡한 수학 문제를 싫어했던 아이였는데 문제 하나를 오랜 시간 동안 씨름해서 답을 얻는 과정에서 조금씩 즐거움을 느꼈다. 힘들게 문제를 풀어서 답이 맞으면 너무나 기뻐하고 틀리면 왜 틀렸는지를 찾아 보며 아쉬워했다. 어려워서 풀 수 없는 문제들이 많았지만 본인이 풀 수 있는 문제들을 풀어 가며 수수께끼의 단서를 하나씩 하나씩 찾아가고 결국 답을 얻어 가는 즐거움을 알게 된 것 같다.

대회 시험 결과는 예선 통과! 웬만한 점수를 받으면 예선은 통과시켜 주는 것 같았다. 참여하는 데 의의를 두는 것을 넘어서서 예선까지 통과하게 되어 상을 받는 것만큼이나 기뻐하였다. 이번에 예선에 통과해서 다음 예선 시험을 보지 않아도 본선 시험을 치를 수 있다. 하지만 첫째는 다음 예선 시험도 보고 싶다고 하였다. 수학을 싫어하던 아이가 수학을 좋아하게 된 혁명과도 같은 사건이 되었다.

예선을 아이들 모두 통과하고 결선을 5월에 앞두고 있었다. 초등학교 수학경시대회 문제인데도 난이도가 상당히 높다. 아이들이 푸는 문제들을 살펴보니 피타고라스의 정리, 삼각비, 확률과 경우의 수가 범위에 포함되어 있고 π를 이용한 원의 넓이 구하기 등 중학교 범위의 문제들도 상당히 많았다. 괜히 아이들 주눅 들게 만드는 시험인 것 같아 마지막 시험은 보지 않으려고 했다. 그런데 첫째가 경험 삼아 시험을 보고 싶다고 했고 덩달아 3학년인 둘째도 따라서 시험을 보겠다는 것이다. 그래서 전혀 기대도 하지 않았고 준비도 없이 시험을 보러 갔다.

MathCourt 시험장 앞에서 대기하고 있는 학부모와 학생들

MathCourt 학년별 시상식

시험이 끝나고 시상식이 있었는데 시상식은 어떻게 치러지나 구경이나 하자고 가 보았다. 그런데 놀랍게도 첫째가 5학년 4등으로 수상을 하게 된 것이다. 어떻게 이런 일이? 첫째와 나는 그저 어안이 벙벙할 따름이다. 처음에 마이너스 점수였던 수학 공부를 본인에게 맡기고 특별히 지도한 적이 없는데 본선 대회에서 수상까지 하게 된 것이다. 둘째는 언니를 축하해 주면서도 몹시 아쉬워하며 눈물까지 보였다. 둘째는 자기가 할 수 있는 만큼 최선을 다했다고 생각한다. 그런데

나중에 알고 보니 둘째는 0.5점 차이로 6등을 한 것이다. 5등까지만 시상을 하여서 수상하지 못한 것이다. 참여한 것만으로도 충분히 훌륭하고 아직 3학년이니 한국에 가서 더 잘해 보자며 위로해 주었다.

사람의 욕심은 끝이 없는 걸까? 첫째가 기대도 안 했던 상을 받고 나올 때 처음에는 기뻤지만 나중에 나도 모르게 "공부를 하나도 못 했는데 준비 좀 하고 공부 좀 하지 그랬냐! 그럼 더 나은 상을 받았을 텐데! 아까워! 아까워!" 잔소리가 저절로 나온다.

이번 대회에서도 배울 때는 부모가 너무 앞서가지 않고 아이가 좋아할 때까지 기다려 주는 것이 바람직하다는 것을 다시 한번 느꼈다. 지금 당장 수학을 잘하지만 싫어하는 것보다 아직 잘하지 못하지만 수학을 좋아하는 아이가 앞으로 발전 가능성이 더 많다고 생각한다.

    12월 2주간의 크리스마스 휴가가 시작되면서 학교에서는 Spelling Bee 대회 출제 단어 리스트를 아이들에게 나눠 주었다. 한국에서 지내는 동안 조금이라도 공부해 보려고 리스트를 가져갔지만 대회에 대해서는 새까맣게 잊은 채 아이들은 신나게 놀면서 게으른 시간을 보냈다. 그렇게 휴가가 끝나고 1월 초에 사이판에 돌아와 가방을 정리하니 한 번도 만져 보지 않은 스펠링비 리스트가 나왔다. 앗! 비상이다. 곧 있으면 교내 스펠링비 대회가 있는데 허무하게 대회에서 떨어지겠구나 생각이 들었다. 학급 스펠링비 대회까지 남은 기간은 3일 정도이다. 하루에 단어를 몇십 개씩 공부하였다. 발음도 뜻도 생소한 처음 보는 단어들이 많았다. 할 수 있는 만큼만 공부하기로 하였다.

    학급 스펠링 대회가 있는 날 결과를 떠나 최선을 다하기로 하였다. 다행히도 두 명 다 3학년과 5학년 대회에서 각각 2등을 해서 전교 대회에 나갈 수 있는 기회를 얻었다. 애들이 공부를 많이 안 했는데 2등이 되다니 아무래도 같은 반 친구들도 방학 동안 우리 아이들처럼 실컷 논 것이 아닐까 생각이 들었다. 이제 전교 대회까지는 이틀 정도 남았다. 이 대회에서 우승을 하면 괌에서 열리는 스펠링비 대회에 참여할 수 있게 된다. 둘째는 기대에 들떠 괌에 갈 준비를 벌써부터 한다.

선생님과 곰에 가기 때문에 엄마는 가지 못한다며 벌써부터 걱정하지 말라고 한다. 곰에 가서 여기에는 없는 버거킹에 가겠다는 야무진 꿈을 꾸며 말이다. 첫째는 같은 반 1등 한 친구가 강력한 우승 후보라며 이번 대회는 힘들다고 현실적인 이야기를 했다. 결과를 떠나서 반을 대표하는 것이니 끝까지 최선을 다하라고 얘기해 주었다. 그래서 이틀 동안 생각지도 못했던 벼락치기를 하였다.

학교 스펠링대회 결과에서 역시 우승은 하지 못했다. 큰아이는 초등학교 전체 대회에서 10명 중 3등을 하였고 작은아이는 5등을 하였다. 아이들은 아쉽게 틀렸다며 더 잘할 수 있었다고 후회했지만 나는 역시 벼락치기의 한계는 여기까지라는 생각이 들었다. 큰아이의 예상대로 같은 반 강력한 우승 후보가 곰에 가게 되었다. 우리는 한마음으로 그 친구를 응원하였고 결과는 기억은 나지 않지만 초중고 학생들이 모두 함께 치르는 대회에서 좋은 결과를 얻었다.

짧은 시간이었지만 아이들이 집중해서 대회 준비를 하고 무대에서 대회를 치르고 박수도 받고 아쉽게 탈락도 해 보는 다시없을 좋은 경험을 하였다.

SCS의 자랑! 음악 밴드 활동

　SCS(Saipan Community School)에 입학할 때 음악 밴드에는 전혀 관심이 없었다. 음악 밴드 때문에 입학하는 학생들도 많은데 우리가 SCS 학교를 선택하는 데 음악 밴드는 어떤 영향도 주지 않았다. 하지만 지금 음악 밴드는 이제 학교생활에서 가장 중요한 부분이 되었다.

　첫째와 둘째는 한국에서 피아노 학원을 다녔기 때문에 피아노는 조금 칠 줄 알았다. 하지만 다른 악기들은 전혀 다루지 못하기 때문에 오케스트라 같은 음악 밴드 활동은 힘들다고 생각했다. 그런데 첫째가 처음 며칠 학교를 다니더니 친구들이 음악 밴드를 하는데 본인도 하고 싶다고 하였다. 피아노를 밴드에서 연주할 수 있다고 하면서 말이다. 하고 싶으면 해도 좋다고 하였다.

　2월 초부터 학교를 다니기 시작했는데 2월 중순쯤에 학교 밸런타인데이 밴드 공연이 있었다. 밴드 활동을 시작하고 얼마 되지 않았기 때문에 공연에 참여할 거라고 생각하지 못했다. 그런데 밴드 공연에 첫째를 위해 그 무거운 피아노를 준비해 주셔서 공연에 참여할 수 있었다. 하지만 연습할 시간이 없었기 때문에 한 손으로만 피아노 연주를 했다. 음악 선생님께서는 굳이 넣지 않아도 되는 파트를 첫째를 위해 넣어 주시고 피아노까지 준비해 주셔서 너무 깜짝 놀랐다. 한국에서는 한 아이에게 이렇게까지 관심을 가져 주고 수고를 감수한다는 것이 상상하기 어려운 일이다. 다른 음악 소리에 묻혀 피아노 소리는 거의 들리지도 않았지만 밴드 무대에 피아노가 떡하니 놓여 있고 첫째가 연주를 하니 사진상으로는 매우 그럴듯한 연출이 나왔다.

그 뒤로도 선생님은 3월에 개인 지도를 하는 학생들을 위한 피아노 리사이틀 연주회에 첫째와 둘째를 연주자로 초대해 주셨다. 이 학교에 온 지 얼마 되지도 않았고 선생님께 개인 지도를 받는 것도 아닌데 아이들을 잘 챙겨 주셔서 감사했다.

사이판에 온 지 두 달이 조금 지난 시점에서는 더 놀라운 일이 있었다. 첫째가 사이판에서 가장 규모가 큰 음악 콘서트인 'Saipan Spring Wind Concert'에서 타악기를 연주하게 된 것이다. 사이판에서 이렇게 좋은 기회를 얻게 될 줄은 정말 상상도 못 했다. 한국에서는 과밀학급에서 조용히 묻혀 지내기만 했던 아이인데 사이판에서는 1년 살기 초반부터 특별한 경험을 할 수 있는 기회가 많았다.

첫째는 밴드에서 타악기를 하고 싶어 했다. 실은 나는 플룻이나 클라리넷 같은 멜로디 악기를 연주하면 좋겠다 생각했는데 첫째는 리듬을 살려 신나게 연주할 수 있는 타악기가 재밌고 스트레스 해소에도 좋다고 했다. 그러다가 스프링 윈드 콘서트에서 연주할 기회가 생겼다. 이 콘서트는 사이판의 관악기 연주자들과 밴드가 있는 학교 학생들이 함께 연주하는 자리였고 지휘자분도 일본에서 특별히 모셔 왔다.

초보 타악기 연주자라 탬버린이나 트라이앵글 정도 조용히 가끔 연주하나 보다 생각하고 연주회에 갔다. 그런데 첫째가 음악의 앞부분을 탬버린으로 혼자 연주한다든가 중간중간 중요한 지점에서 레인스틱 같은 악기를 연주하는 등 정말 비중 있는 연주를 하는 것이다. 이번 연주에서는 타악기의 연주가 돋보이는 곡들이 많았다.

어린아이에게 그것도 음악을 시작한 지 얼마 되지 않은 아이를 믿고 이런 큰 역할을 주신 것에 대해 정말 놀라울 따름이다. 연주는 학생들과 전문 연주자들이 함께하는 공연이었는데 제법 수준이 높은 공연이었다. 공연 내내 아름다운 음악 선율에 기분이 좋아졌다. 경험이 많지 않은 아이에게 좋은 기회를 주는 사이판에 정말 오길 잘했구나 생각이 들었다.

그날 공연을 마치고 아이는 한동안 넋이 나간 듯 기운도 없고 말도 하지 않았다. 너무 모든 에너지를 공연에 쏟은 데다 몇 시간을 긴장한 채로 연주를 해서 그렇단다. 이렇게 모든 에너지를 쏟을 정도로 어떤 것에 열정을 다하는 것은 정말 그 무엇으로도 살 수 없는 좋은 경험이라고 생각한다.

그 뒤로도 밴드는 분기별로 학교에서 연주회를 하였다. 그리고 학교 밖에서도 초청을 받아 공연을 몇 번 하게 되었다. 지금은 학교생활에서 밴드 연습이 차지하는 비중이 상당히 크다. 지금까지도 아이는 SCS에서 8학년 졸업할 때까지 밴드를 계속해야 해서 한국에 돌아갈 수 없다고 주장하고 있다. 밴드 타악기 연주주자가 많지 않기 때문에 본인이라도 밴드를 지켜야 한다면서 말이다. 정말이지 마음 같아서는 여기 학교를 졸업할 때까지 아이가 좋아하는 음악 밴드 활동을 계속

할 수 있게 해 주고 싶다.

  밴드 활동비는 한 달에 50달러를 추가로 내야 되고 초등학교 4학년부터 참여가 가능하다. 둘째는 언니를 너무 부러워하며 4학년이 되어 밴드에 들어갈 날만을 손꼽았는데 4학년이 되기 전에 사이판을 떠나게 되어 무척 아쉬워했다. 하지만 지난 크리스마스 공연 때는 음악 밴드부뿐만 아니라 전교생이 리코더 연주도 하고 합창도 함께했기 때문에 무대에서 음악을 연주할 기회는 많이 있었다. 워낙 다루는 곡들이 많고 장장 2시간이 넘는 긴 공연이어서 연습하는 과정이 많이 힘들었지만 그동안은 음악에 푹 빠져 지낼 수 있었고 무대에서 최선을 다했기 때문에 무척 뿌듯해했다.

Saipan Spring Wind Festival에서 SCS 음악 밴드 공연

2023년도 SCS Valentine 콘서트

사이판은 축구를 좋아하는 아이들의 천국

축구를 좋아하는 아이라면 사이판은 천국과도 같은 곳이다. 어린이 청소년을 위한 축구 클럽이 대단히 많다. 중고등학생은 좀 더 축구에 진지한 학생들이 클럽에 참여하지만 초등학교의 경우 많은 학생들이 축구 클럽에 가입되어 있다.

페이스북에서 'Northern Mariana Islands Football Association'을 검색해서 어떤 축구 클럽들이 있는지 확인할 수 있다. 그중에서 마음에 드는 클럽에 메일을 보내거나 연락을 해서 개별적으로 신청을 한다. 큰 기업이 지원해 주는 클럽의 경우 인지도가 높지만 아이들이 경기에 참여할 기회가 많지 않아 일부러 작은 클럽에 가입하기도 한다. 영어 학습의 기회로 생각하는 경우에는 한국인이 적은 클럽으로 일부러 찾아가기도 한다.

우리의 경우에는 워낙 운동을 많이 해 보지 않았고 축구는 생소하기 때문에 고민이 많았다. 축구 클럽 중에서 'Docomo Pacific' 클럽 광고에 초보자도 환영한다는 문구를 보고 자신감을 얻어 연락을 했다. 이유는 그것 딱 한 가지였다. 그 이후로 거의 매주 화요일 축구 연습에 참가하였다. 한국에서는 상상도 못 할 우리 아이들의 풍경이 펼쳐졌다. 축구 운동복에 축구화를 신고 골대 앞에서 공을 패스하는 모습이라니. 매주 토요일에는 다른 팀과 연습 게임도 한다. 하지만 토요일 오후에는 쉬고 싶은 마음에 참가하지는 못했다. 다른 엄마들에게 들어보니 연습보다는 토요일 경기가 더 재미있다고 한다.

   연습 경기도 선수들 훈련하듯이 심각하게 훈련하지 않고 게임하듯이 즐겁게 축구를 배운다. 그것만으로도 참 만족스러웠다. 운동을 귀찮아하는 아이들인데 이렇게라도 꾸준히 운동을 하니 참 좋았다. 축구를 좋아하는 아이라면 사이판을 추천한다. 사이판하면 바다와 수영만을 생각했는데 축구도 있었다! 처음 등록비가 20달러이고 유니폼 비용이 30달러 정도 들었다. 등록비는 1년에 1회 지불한다. 연습이나 경기에 참여할 때 추가적으로 더 내는 비용은 없다. 코치 선생님과 클럽을 감독해 주시는 분은 어른들을 위한 리그에서 경기하시는 분들이 대부분이고 순수하게 봉사 활동을 해 주신다.

Docomo Pacific 팀에서
연령별로 축구 연습을 마치고 해산하는 모습

사이판의 실내 체육관 TSL

축구 클럽은 5월~8월 그리고 1월에는 시즌 오프 기간이다. 그 시기에도 축구를 꾸준히 할 수 있는 방법이 있다. 미들로드에 TSL이라는 실내 체육관이 있다. 그곳에서는 방과 후에 바쁜 부모님들을 대신해서 아이들을 돌봐 주는 방과 후 활동이 진행된다. 주로 아이들이 참가하는 방과 후 활동이 축구이다. 축구를 좋아하지 않는 아이들은 다른 한편에서 선생님들의 감독하에 농구도 하고 배드민턴도 하고 그림 그리기 또는 자유 시간을 보낸다. 축구를 무척 좋아하는 아이라면 TSL에서 축구 방과 후 활동을 하는 방법이 있다. 내가 아는 한 아이도 축구 클럽과 TSL에서 축구를 하기 때문에 거의 매일같이 축구를 한다. 친구들과 함께 운동하면서 건강해지고 영어도 덩달아 빨리 늘게 될 것이다.

　아이들이 방과 후에 운동을 하는 곳 한편으로는 배드민턴을 연습할 수 있는 'Badminton Association'이 있다. 회원제로 운영되는 곳인데 회원이 되려면 등록비 20달러를 최초에 지불하고 매달 20달러를 지불한다. 세 달치를 한 번에 지불하면 50달러이다. 학생들은 오후 2시부터 6시까지 무료로 이용이 가능하다. 운동을 너무 안 해서 불안해하고 있을 때 마침 배드민턴을 배우고 있는 분이 계셨다. 그분을 통해 교민 사회 배드민턴 회장님을 만나게 되었고 개인 지도를 받게 되었다. 회장님은 배드민턴을 전공했던 선수 출신이시기 때문에 짧은 시간이지만 많은 것들을 배울 수 있었다. 아쉽게도 회장님께서 한국에 일이 있어 2주 정도밖에 배우지 못했다. 배드민턴을 해 보니 장점이 참 많은 운동이었다. 재미있게 공을 쫓아다니다 보니 금세 온몸에 땀이 흠뻑 흘렀다. 잠깐 운동하고서도 온몸이 쑤신 걸 보면 전신을 모두 쓰는 운동임에 확실하다. 특히 엉덩이가 왜 아픈 건지 신기했다. 아마도 공을 받기 위해 다리를 쭉쭉 뻗어서인 걸까. 배드민턴이 좋은 이유 중 또 하나는 실내 운동이라 얼굴이 타지 않는다는 것이다.

여기서는 엄마들이 주로 테니스와 골프를 많이 배운다. 한국보다 더 배우기 좋은 환경이라는 얘기를 들었다. 하지만 지금도 얼굴이 많이 타서 어디 나가면 '아떼(필리핀어로 이모, 언니 등에 해당하는 존칭어)'라는 소리를 많이 듣는데 더 태울 수는 없다. 가끔씩 한국에 들어가면 가족은 물론이고 친구들도 까매진 얼굴에 깜짝깜짝 놀란다. 난 매일 보는 얼굴이라 실감을 못 하고 있는데 말이다. 운동을 열심히 하고도 얼굴이 타지 않는 배드민턴을 적극 추천한다.

TSL에서 방과 후 활동을 하는 아이들

사이판에서 운전할 때 주의할 점

한국에서 운전을 익숙하게 했던 사람이라면 사이판에서 운전하는 것이 어렵지 않다. 기본적인 사항들은 비슷하다. 다행히 사이판도 한국처럼 왼쪽에 핸들이 있고 오른쪽으로 도로 주행을 한다. 차가 많지 않고 길이 간단하기 때문에 한국만큼 운전이 힘들지 않고 초보자들도 운전을 쉽게 접할 수 있다.

이곳에서 운전할 때 감동받을 때가 많다. 친절하고 인내심 많은 현지인들의 성격이 운전할 때도 그대로 드러난다. 차선 변경할 때 양보를 잘해 주고 끼어들기가 필요한 상황에서는 차를 멈추고 깜빡이를 켜 주는 경우가 많다. 양보해 주고 기다려 주는 것이 보편적이다. 운전 매너가 좋은 분들이 많기 때문에 운전하면서 뒤차를 의식한다거나 끼어들지 못해 걱정을 한다거나 빨리 가야 할 것 같은 조바심을 낸다거나 하는 경우가 거의 없다.

하지만 도로 상태가 좋지 않고 차선이 잘 보이지 않아 차선이 합류하거나 좌회전 차선이 있을 경우 어디로 가야 하는지 헷갈릴 수 있다. 현재 사이판은 큰 규모의 도로 공사를 하고 있는데 도로 상태가 앞으로 나아지기를 기대해 본다.

운전할 때 한국과 달라서 주의할 점을 살펴보면 다음과 같다.

신호등이 많지 않다. 그래서 신호등이 없는 곳에서는 좌회전을 어디서나 할 수 있다. 한국에서는 좌회전 신호가 있는 곳에서만 좌회전을 하지만 여기서는 앞에서 차가 오지 않을 때 바로 좌회전이 가능하다. 사거리가 아닌 곳에서 왼쪽 가게로 진입하고 싶을 때도 바로 중앙선 넘어서 좌회전이 가능하다. 유턴도 마찬가지로 앞에서 오는 차가 없거나 안전거리가 충분히 확보된 상태에서 어디서나 유턴이 가능하다. 유턴이 가능하지 않은 곳에는 유턴 금지 표지판이 있는데 대표적인 곳이 비치로드가 끝나는 곳 소방서와 메모리얼 파크가 있는 곳이다.

횡단보도 또한 많지 않다. 우리나라에서는 횡단보도에서 길을 건너는 것이 원칙이고 그렇지 않은 경우 무단 횡단으로 보는 시선이 곱지 않다. 하지만 여기서는 어디서든 길을 건널 수 있다. 보행자가 늘 우선이기 때문에 자동차들은 보행자를 보면 차를 깜빡이면서 멈춰 준다.

중앙선이 넓은 곳이 있다. 중앙선이 넓어지는 곳은 좌회전을 위해 대기할 수 있는 곳이다. 내가 좌회전하려는 도로에서 중앙선이 넓게 있다면 우선 중앙선으로 진입한다. 마주 보고 달리는 차가 없을 때 중앙선에서 바로 좌회전을 한다. 좌회전 대기 장소 같은 역할을 하는 곳이 넓은 중앙선이다.

중앙선 Central Lane이 넓은 곳이 있다.

스쿨버스가 멈추면 아이들이 무사히 건널 수 있도록 모든 차들이 멈춘다.

Stop 사인에서는 3초 정도 머문다.

　작은 길과 큰 길이 만나는 곳에는 보통 'stop' 사인이 있다. stop 사인이 있는 곳에서는 3초 정도 정지하고 차가 오는지 안 오는지 확인한 후에 우회전 또는 좌회전을 한다. stop 사인에서 정지하지 않았다고 경찰차가 따라오는 경우가 있다고 들었다. 그리고 운전면허 시험을 볼 때도 꼭 확인하는 부분이니 stop 사인에서는 잠시 정지하는 습관을 들이자.
　학기 중에는 노란색 스쿨버스를 오전과 오후에 자주 보게 된다. 노란색 스쿨버스가 stop 사인을 펼치면서 빨간색 불을 깜박이면 양쪽 차선에 있는 차들이 모두 깜빡이를 켜고 정지한다. 스쿨버스 바로 뒤까지는 갈 수 있지만 스쿨버스를 지나쳐서는 안 된다. 차가 정차하면 학생들이 내려서 길을 건너기 때문에 안전을 위해서 그렇게 하는 것이다. 모든 차들이 학생들의 안전을 위해 질서정연하게 협조하는 모습이 인상적이다. 하지만 운전할 때 내 앞에 스쿨버스가 있다면 참 당황스럽다. 가다 서다를 계속 반복하기 때문이다.

  한국과 다르게 길을 돌아다니는 개들을 많이 보게 된다. 고양이도 마찬가지이다. 낮에는 개들이 길 주변에 많다면 밤에는 고양이들이 많이 다닌다. 그래서 길에서 사고를 당하는 개와 고양이들을 많이 보게 된다. 참 안타까운 일이다. 갓길과 가까운 도로에서 운전을 하거나 골목길에서 운전을 할 때 개나 고양이가 어슬렁거린다면 더 주의를 할 필요가 있다. 동물이 도로에 진입하면 사람이 길을 건널 때와 마찬가지로 깜빡이를 켜고 안전하게 지나갈 때까지 기다려 준다. 이곳 운전자들은 이렇게 정지하는 것에 대해 익숙하다.

  사이판은 보통 차가 많지 않아 운전이 수월하다. 하지만 밤에 운전할 때는 주의가 더 필요하다. 일단 차선이 잘 보이지 않는 곳이 많다. 낮보다는 천천히 주위를 잘 살피며 운전할 필요가 있다. 그리고 밤에는 음주 운전자들도 많아진다고 한다. 여기는 음주 운전 단속을 잘 하지 않는다. 차가 꼭 필요한 곳인데 대리 운전도 없다 보니 술을 가볍게 마시고 운전하는 것에 대해 대수롭지 않게 생각하는 분들이 계신다. 밤에는 과속을 하거나 음주 운전을 하는 운전자가 많아져서 밤 운전을 되도록 피하는 것이 좋다. 여기는 CCTV가 많이 설치되어 있지 않고 블랙박스를 사용하는 차가 거의 없기 때문에 사고가 나면 진실을 밝히기가 매우 어렵다. 그래서 밤 운전을 해야 할 상황이라면 보다 주의를 기울일 필요가 있다.

사이판의 도로 사정은 좋지 않다. 움푹 파여 있는 곳에서 차가 덜컹거리는 순간들이 많다. 사람들이 많이 다닐 법한 길인데도 비포장 도로여서 일반 세단 차가 지나다니기 어려운 곳이 있다. 대표적인 관광지인 타포차우, 래더 비치, 오비안 비치, 포비든 아일랜드 전망대 등등은 가는 길이 험하다. SUV 차량은 사고가 덜하겠지만 일반 세단 차로 이동하다 차가 긁히거나 타이어에 구멍이 나거나 하는 일들이 생길 수 있어 주의가 필요하다.

나의 경우에도 황당한 일이 있었다. 도로를 달리다가 옆 잔디 공터에 차를 잠깐 세운 적이 있다. 다시 나올 때 살짝 언덕이 있었는데 그곳을 지나다가 자동차 앞 범퍼가 확 땅으로 주저앉은 것이다. 너무 황당했다. 무너져 내린 범퍼를 들고 어떻게 해야 하나 망설였다. 처음에는 완전히 내려앉은 범퍼를 아예 떼어 내려고 했는데 헤드라이트 전선이 연결되어 있어서 그렇게 할 수가 없었다. 혹시나 하고 범퍼를 들어서 레고처럼 끼워 맞추고 발로 때려서 확실하게 단단하게 해 줬더니 범퍼가 대충 고정이 되었다. 다행히 숙소가 그렇게 멀지 않은 곳이라 아슬아슬하게 천천히 운전해서 집에 주차하고 수리를 받았다. 지금 생각해 보니 너무 무모했다는 생각이 든다. 운전하다가 다시 범퍼가 내려앉으면 도로에서 이러지도 저러지도 못하고 어쩔 뻔했는지.

그런 비슷한 일을 당하는 경우에는 차를 그대로 세워 놓고 렌터카 회사에 전화를 해서 간단하게 수리를 받고 이동을 했어야 했다. 비포장도로도 아닌 풀밭 언덕 구간에서 범퍼가 내려앉는 불상사를 당하다 보니 타포차우산을 운전하는 것은 애초에 포기하게 되었다. 되도록 비포장도로가 있는 곳은 세단 차가 아닌 SUV 차량을 하루 정도 렌트해서 다녀오는 것을 추천하고 싶다.

운전을 하다 보면 인터넷 신호가 안 잡히는 구간이 많다. 사람들이 많이 사는 곳 주변, 중심가, 시내, 이런 곳은 인터넷 신호, 전화 신호가 잘 잡히지만 사람들이 투어로 많이 떠나는 곳, 올드맨 바이 더 씨, 제프리 비치 등의 동부 해안, 켄싱턴 호텔 너머 북부 지역, 포비든 아일랜드 등은 인터넷도 전화 신호도 잡히지 않는다. 본인도 처음에는 이런 것을 모른 채 만세 절벽과 새섬을 갔는데 중간에 내비게이션이 멈춰서 너무 당황했다. 표지판을 보고 기억에 의존해서 드라이브를 마치고 켄싱턴 호텔 쪽으로 나오고 나서야 안도의 숨을 쉴 수 있었다. 길이 복잡하지 않아서 망정이지 정말 많이 헤맬 뻔했다.

외진 곳으로 운전을 할 경우에는 내비게이션이 작동 안 될 수도 있으니 지도를 가져가야 한다. 관광 안내서에 보면 지도가 있으니 가게에서 얻은 관광 안내 종이를 자동차에 늘 비치하는 것이 좋다. 그리고 외진 곳으로 여행 갈 때는 여러 사람이 함께 가는 것이 좋다. 누군가가 다치거나 도움을 요청해야 할 때 사람이 많다면 더 안전하기 때문이다.

사이판에서 운전할 때 좋은 점 한 가지를 들자면 주차가 편하다는 것이다. 차가 많지 않고 주차장은 갈 갖춰져 있기 때문에 주차 때문에 애를 먹은 적은 거의 없다. 주차장이 없다 하더라도 주변에 공터가 많아 주차할 공간은 늘 많다. 사람들이 붐비는 행사장에 가더라도 언제나 늘 주차할 공간은 찾을 수 있기 때문에 마음이 편했다. 한국에서 주차를 위해 몇 바퀴를 돌던 생각을 하면 여기는 주차 천국이다. 주차할 때 주의할 점은 노란색 연석이 있는 곳에 주차가 가능하다는 것이다. 빨간색이 칠해진 곳이 있다면 주차 금지 구역이니 주의가 필요하다. 그곳에 주차했다가 경찰이 티켓을 끊을 수 있다. 파란색이 칠해진 곳은 장애인 주차 구역이다.

경찰차가 쫓아오다

여기는 경찰차가 많이 다닌다. 그래서 대수롭지 않은 일에도 경찰이 쫓아왔다는 얘기를 듣는 경우가 있다. 한 분은 넓은 중앙선에서 좀 많이 달렸다고 쫓아온 경우도 있고 stop 사인에서 서지 않았다고 쫓아온 경우도 있다. 밤에 불시 검문을 당하고 뒷좌석에 아이가 안전벨트를 하지 않았다고 벌금을 물거나 과속을 했다고 쫓아오기도 한다. 아는 분은 교회에 갔다가 교회에 주차 공간이 없어서 옆 건물에 주차했는데 평상시 교회에 대해 좋지 않게 생각하는 건물 입주자가 신고해서 벌금을 무는 경우도 보았다.

나도 경찰차가 한 번 사이렌을 시끄럽게 울리며 쫓아온 적이 있어서 정말 깜짝 놀랐다. 차를 공터에 세우니 경찰차가 따라서 뒤에 주차를 하였다. 깜짝 놀라 자동차 밖으로 튀어 나가니 경찰이 손사래를 치며 나오면 안 된다고 차로 들어가라고 하였다. 그제야 영화에서 보던 장면들이 떠오른다. 총기 소유 문제 때문에 차 밖으로 나가면 안 된다는 것. 차에서 가만히 창문만 열어야 한다는 것. 그동안 상식으로 알고 있었던 것이지만 막상 나에게 닥치니 생각이 나지 않는다.

다시 차로 들어가 창문을 여니 경찰이 자동차 앞 번호판이 없다고 한다. 그리고 보니 한 달 살기 하는 동안 차를 렌트해서 운전하면서 앞이 허전하다 생각하고 있긴 했는데 워낙 소형차라 원래 번호판이 없나 보다 했었다. 렌트한 자동차라고 하니 자동차 렌트 회사에 얘기해서 번호판을 달아야 한다고 한다.

　다행히 벌금을 물지 않고 경찰은 사라졌다. 에휴~ 얼마나 마음을 졸였는지 모른다. 경찰차가 차를 세우면 밖으로 나가지 말고 가만히 창문만 열고 대화를 나눠야 한다는 것을 기억하고 나 같은 실수를 하지 않길 바란다. 그 일이 있고 나서 다른 자동차들의 번호판을 살펴보니 번호판이 앞에 없는 차도 많고 까맣게 그을려서 번호가 안 보이는 차도 많고 정말 제각각인 차들이 많다. 억울하다!

운전면허증 발급

　B1B2 관광 비자를 소지하여 6개월 이상 사이판에서 거주할 수 있는 사람은 운전면허증 시험을 볼 수 있다. 하지만 시기에 따라 외국인에 대한 시험 규정이 달라질 수 있기 때문에 장담할 수는 없다. 본인도 운전면허 시험을 계속 거절당해서 힘든 시간을 보냈다. 다행히 2023년 8월 이후에는 6개월 관광 비자를 소지한 사람들도 어려움 없이 시험을 보고 있다.

　사이판 운전면허를 발급받기 위해서 필요한 서류가 있다. 한국 운전면허증을 공증받은 서류, 여권 사본, 한국 운전면허증이다. 공증 (notarization)을 받기 위해서는 공증을 전문적으로 하는 사무실로 가야 한다. 한국인이 하는 공증 사무실은 Chalan Kanoa 지역에 위치해 있는 'Seven Twelve'가 있다. 그리고 'Winners Residence' 오피스에서도 공증 업무를 해 준다.

　• 필기시험과 실기시험
　우리나라처럼 필기시험과 실기시험에 모두 합격해야 운전면허증을 받을 수 있다. 필기시험을 합격하면 시험 날짜가 적힌 종이를 준다. 그

종이에는 실기시험 때 차량을 제공하는 사람의 사인이 들어가야 한다. 한국에서는 실기시험용 차가 운전 시험장에 마련되어 있지만 여기서는 본인이 차를 마련해야 한다. 필기시험을 합격하면 보통 2주~1달 후에 실기시험을 볼 수 있다.

필기시험은 약 33문제이고 기억이 잘 나지는 않지만 대략 7문제 이상 틀리지 않으면 합격이다. 아슬아슬하게 떨어지는 경우에는 야박하게 바로 떨어뜨리지 않고 틀린 문제를 다시 풀 수 있는 기회를 주기도 한다.

여기서는 실기시험이 도로 주행이다. 경찰이 보조석에 타서 가야 할 곳을 정해 주면 운전자가 10분~20분 정도 운전을 한다. 만약 중간에 탈락하게 되면 차에서 내려서 경찰이 운전하는 차를 타고 와야 한다.

내가 타던 차가 아니라면 시험을 보기 전에 자동차 의자 조절 방법, 사이드 미러 조절하는 방법, 온도 조절하는 방법, 자동차 시동 거는 방법 등 미리 알아 두는 것이 좋다. 차량마다 조금씩 기능이 다르고 작동 방법이 다르기 때문에 시험관 앞에서 헤맨다면 좋지 않은 모습을 보이게 된다. 처음 차를 타면 사이드 미러, 백미러를 조절하

사이판 교통경찰국, Saipan Bureau of Motor Vehicles

고, 의자 높이와 간격을 바르게 조절한다. 주변에 차가 없는지를 잘 살피며 차를 출발한다. 경찰국에서 도로로 진입할 때 stop 사인 앞에서 3초 정도 쉰 후에 차가 오지 않으면 2차선으로 진입한다. 난 긴장해서 바로 1차선으로 진입하다가 감독관에게 잔소리를 들었다.

'나 이렇게 신중하게 운전하는 사람이야~'를 최대한 보여 주며 침착하게 천천히 운전하는 것이 좋다. 보통 시험 감독관이 운전을 몇 년 했는지 묻는데 10년 이상 운전했다고 하면 "그럼 잘하겠네요." 하면서 짧은 코스를 돌게 된다. 필자도 "20년 이상 운전했어요."라고 대답했더니 그럼 운전 잘하겠다며 한국이 여기보다 길이 복잡해서 운전하기 힘든 곳이지 않냐 하였다. 정말 10분 정도 간단하게 운전했고 그 운전하는 10분 동안 한국에서 주한 미국 군대 생활을 하는 감독관 아들 얘기도 하고 사이판 날씨 얘기도 하며 열심히 수다를 떨었다. 감독관과 화기애애하게 실기시험을 마치고 다행히도 100점을 맞을 수가 있었다.

실기시험은 평상시 운전할 때 옆에 감독관이 타고 있다면 어떻게 운전할 것인가를 생각하며 운전하는 것이 도움이 된다. 지금 실기시험을 보는 중이다 상상하며 stop 사인에서는 멈추고 안전거리를 충분히 확보하여 좌회전하고 스쿨버스가 멈췄을 때는 함께 멈추면서 말이다.

• 필기시험 공부하는 방법

운전면허 필기시험 자체도 골치 아픈데 영어로 공부해야 하니 정말 머리가 아팠다. 하지만 사이판에서 살아남으려면 운전면허시험에 꼭 통과해야 했다. 우리나라에는 흔하디흔한 운전면허시험 교재가 여기에는 없다! 처음에 사이판의 유일한 서점에 가서 문의했더니 그런 것은 없고 가이드북을 아마 Marianas Printing 인쇄소에서 팔 거라는 말을 들었다. 올레아이 지역에 있는 Marianas Printing에서 복사된 작은 운전면허 가이드북으로 공부를 했다. 도로와 운전에 대한 새로운 용어를 사전을 옆에 두고 찾아보며 공부했다.

  하지만 이것만으로는 합격이 어려울 것 같았다. 가이드북이 30쪽짜리로 많은 내용이 담겨져 있지 않았다. 그래서 수소문 끝에 운전면허 예상 문제지를 구하였다. 교민들 중에 가지고 있는 분들이 계시거나 장기간 거주하는 한국 엄마들을 통해 구할 수 있다. 이 예상 문제지를 열심히 공부하면 필기시험은 합격할 수 있다.

개와 고양이가 많은 사이판

　사이판에 오면 놀라는 것 중의 하나가 길거리에 개와 고양이가 너무 많다는 것이다. 개들은 주인이 있는 개도 있고 떠돌이 개도 있다. 그런데 한국과 너무 다른 점은 개에게 목줄을 하지 않는다는 점이다. 큰 개들이 목줄도 하지 않은 채 길거리를 배회하는 모습을 보고 처음에는 너무 무서웠다. 다행히 대부분의 개들은 순한 편이지만 어떤 개들은 본인들의 영역을 침범했다고 생각하면 가차 없이 공격적으로 달려든다. 차를 타고 골목을 지날 때 가끔 개 떼가 으르렁거리며 쫓아오기도 한다. 내가 차에 있다는 사실이 얼마나 다행인지. 차 밖에 있었다면? 상상만 해도 너무 무섭다. 때로는 위험한 개들이 있기 때문에 사이판에서는 길을 걸을 때 조심해야 한다. 내가 아는 분도 골목을 걷다가 개 여러 마리가 달려들어 물어서 다친 적이 있다. 개들은 무리 지어 다니는 습성이 있어서 어떤 개 한 마리가 공격적으로 바뀌면 주변의 개들도 함께 공격한다.

　그래서 산책을 하거나 사람이 많지 않은 바다에 갈 때 꼭 챙겨 가는 것이 있다. 바로 우산이다. 접을 수 있는 우산을 가방에 넣어 가서 차 밖을 다닐 때 꺼내 든다. 개가 다가오면 우산을 길게 뽑는다. 우산이 막대기가 되어 개들을 위협할 수 있다. 우산을 막대기처럼 길게 뽑는 것만으로도 효과가 있는데 어떤 분은 우산을 펼쳐서 흔들면 개들이 더 무서워서 피한다고 하셨다. 길을 걷는다면 우산을 꼭 챙기는 것이 좋다.

한번은 망고 철이 되어서 망고 헌트를 나선 적이 있다. 5월 6월에 다 익은 노란 망고는 너무 맛있다. 그런데 아쉽게도 망고를 마트에서 파는 경우는 거의 없다. 그래서 주인 없는 망고나무에서 떨어진 망고를 줍기 위해서 길을 나섰다. 어느 한적한 공원 같은 넓은 풀밭에 그렇게 찾던 망고나무가 있었다. 차를 주차하고 혹시나 해서 우산을 가지고 아이들과 함께 밖으로 나왔다. 그런데 영화에서나 보던 큰 검정개가 짖으면서 달려오더니 난데없이 자동차 바퀴에 오줌을 싸며 영역 표시를 하였다. 너무 황당하였는데 이번에는 큰 개 네 마리가 동시에 으르렁거리며 뛰어오는 것이다. 아이들이 너무 겁이 나서 얼굴이 하얗게 질렸다. 그런데 평상시에 아이들에게 했던 얘기가 있어서 그 자리에 서 있었다. 개를 보고 도망가면 사냥 본능이 있는 개가 따라와서 물 수도 있다고 누차 얘기했었다.

다행히 나에게는 비장의 무기 우산이 있었다. 우산을 길게 뽑은 후 휘저었다. 그랬더니 개들이 갑자기 전의를 상실하고 낑낑거리며 순해지는 것이다. 개들이 우산 막대기를 무서워해서 너무 다행이었다. 우산 막대기를 좌우로 열심히 흔들며 아이들에게 "뒤돌아보지 말고 천천히 뒷걸음쳐서 차까지 가자."라고 했다. 정말 우산이 아니라 권총이라면 영화의 한 장면 같은 비장한 상황이었다. 뒷걸음으로 차까지 간 후 아이들을 얼른 태워 주고 다시 나는 우산을 좌우로 흔들며 운전석으로 가서 차를 탔다. 지금 생각하면 참으로 웃기지만 그때는 정말 생명의 위협을 느꼈다. 우산이 얼마나 소중한 존재인지 뼈저리게 느꼈다. 우산이 없었다면 정말 그 큰 개 다섯 마리를 내가 어떻게 감당할 수 있었을까 생각만 해도 끔찍하다.

사이판에서의 시간이 길어질수록 안타까운 개들도 많이 보게 된다. 주인 없는 떠돌이 개들이 도로를 배회하다가 로드킬 당하는 경우도 많고 피부병 걸린 삐쩍 마른 개들이 마트 주변을 서성이며 불쌍하게 쳐다보는 경우도 많다. 굶어 죽은 강아지를 풀밭이나 해변 한구석에서 발견하게 되는 경우도 있다.

한번은 어린 강아지가 갈비뼈를 드러낸 채 힘없이 주차장 주변을 걷는데 다리까지 다쳐서 절뚝이는 걸 보니 마음이 너무 아팠다. 내가 여기에 오래 살 사람이라면 입양해서 키우고 싶다는 생각도 들었다. 하지만 여기를 곧 떠날 사람이기에 동물에게 함부로 정을 줄 수가 없었다. 미안하다, 강아지야. 제발 누군가가 저 강아지를 입양해서 건강하게 키워 주길 기도하였다.

아는 분이 Dog's Shelter(개 보호소)에 가서 같이 봉사 활동을 해 보자고 하셨다. 아이들이 개를 좋아하고 늘 키우고 싶어 하지만 내가 자신이 없어서 반대하였었다. 개나 고양이를 키우지 못하지만 개 보호소에 가서 개를 돌봐 주는 경험을 해 보면 참 좋겠다는 생각이 들었다. 개 보호소는 사람들의 신고로 접수되는 떠돌이 개들을 보호하는 곳이다. 생각보다 규모가 작아서 그 많은 떠돌이 개들을 수용할 수 있을까 하는 생각이 들었다.

개 보호소에서 강아지들과 함께 놀아 주는 아이들

 일하시는 분은 여기 있는 개들을 소개해 주시면서 입양을 강력하게 권유하였다. 그곳에는 작은 강아지들도 있었고 아이들이 너무 예뻐했기 때문에 정말 상황이 허락한다면 입양도 하고 싶은 마음이 들었다. 개들이 너무 불쌍해서 마음이 아팠다. 겁에 잔뜩 질려서 움츠려 있었고 눈빛은 많이 우울해 보였다. 좁은 곳에 오랫동안 갇혀 있어서일 것이다.
 잔뜩 겁먹은 개들을 억지로 데리고 나와 앞마당에 풀어놓으니 처음에는 쭈뼛쭈뼛하더니 신나게 뛰어논다. 그리고 하나같이 미뤄 두었던 볼일들을 보는 것이었다. 산책하면서 볼일을 보는 개들을 계속 가둬만 두니 참을 수밖에 없었던 것이다. 개들이 뛰어노는 동안 개가 갇혀 있는 케이지를 청소하였다. 좁은 공간에 개똥이 많고 개 사료까지 함께 같이 두어서 열악해 보였다. 청소가 끝나면 개를 불러들인다. 내보낼 때는 그렇게 안 나가려고 하더니 이제 반대로 자유를 만끽한 후에 케이지로 잘 들어오려고 하지 않는다.

일하시는 분께 혹시 입양이 안 되면 안락사되는 것인지 걱정이 되어 물었다. 공격성이 있는 위험한 개는 안락사를 시키지만 보통 입양이 가능한 개들은 안락사시키지 않는 것이 원칙이라고 한다.

청소를 해 주고 먹이를 주고 나오면서 다시 한번 방문하겠다고 개들에게 작별 인사를 한다. 다음에 오게 된다면 부디 좋은 주인 만나서 여기서 만나지 않게 되길 바란다.

사이판 학교 급식 이야기

학교에서 아이들이 점심을 보통 두 가지 방식으로 먹는다. 하나는 학교 급식을 이용하는 방법이다. 규모가 큰 학교는 학교 식당(cafeteria)이 있어 조리된 음식도 먹을 수 있지만 작은 사립학교의 경우 사이판 주정부에서 지원하는 포장된 점심 도시락을 먹는다. 가격은 75센트로 굉장히 저렴한 편이다. 아침 식사를 못 하는 아이들을 위해서 아침 도시락도 구매해서 먹을 수 있다. 아침 도시락은 한 끼에 50센트이다. 한 끼에 꼭 우유도 함께 나오는데 마트에서 우유 하나만 사도 75센트는 나오기 때문에 학교 급식은 정말 저렴하다.

도시락을 신청하려면 적어도 하루 전에 학교 오피스에 가서 며칠 분량 또는 한 달 치를 미리 구매할 수 있다. 도시락을 구매하면 학교에서 명단을 작성해서 매일 아이들에게 도시락을 전달해 준다. 저렴하게 아침과 점심을 해결할 수 있는 좋은 방식이지만 아쉬운 점은 맛이 없다는 것이다. 우리 아이들은 굉장히 입맛이 좋아 웬만하면 모두 잘 먹는 편이다. 처음 한 달은 그럭저럭 먹었는데 두 달이 지나고부터는 맛이 없어서 먹고 싶지 않다고 불평이 많았다. 맛이 없어 봤자 얼마나 맛이 없을까 싶었다.

믿지 못하는 나를 위해 아이들이 가끔 점심을 먹지 않고 가져오거나 남는 음식을 가져온 적이 있다. 정말 아이들의 말이 맞았다. 모든 음식을 먹어 보지는 않았지만 빵의 경우에는 아이들이 좋아하지 않는 곡물빵이다. 밥이 나올 때는 현미밥 같은 거친 밥이 나온다. 아이들의 건강을 위해 통곡물빵과 밥을 준비하는 것은 좋지만 아이들이 아예 먹지 않고 버린다는 것이 문제이다. 가끔 불고기 메뉴도 나오는데 아이들의 말에 따르면 불고기의 명예를 실추시키는 맛이라는 것이다. 하지만 햄버거나 피자가 나오는 날은 아이들이 맛있게 먹는 편이다.

한 달에 두 번 정도 삶은 콩을 작은 통에 담아서 나눠 주는데 먹는 아이들이 한 명도 없다고 한다. 그럼에도 불구하고 꾸준히 그 메뉴를 고수한다. 우리 아이들은 내가 콩을 좋아하는 것을 알아서 나를 위해 콩을 가져다주었다. 내가 콩을 좋아한다는 것을 알게 된 학교 담당자 분이 남은 모든 콩을 둘째에게 주신다. 20개, 30개가 넘는 콩을 가져오면 냉동실에 수북이 쌓아 놓는다. 덕분에 식물성 단백질을 장기 복용하고 있다. 콩을 무척 좋아하는 나에게는 맛있는 음식이지만 아이들이 분명 싫어할 맛이긴 하다. 콩을 많이 섭취하게 하고 싶으면 샐러드를 만들거나 디저트로 만드는 등 여러 가지 방법이 있을 텐데 아쉽다.

예산을 효과적으로 사용하면서 아이들에게 도움이 되는 급식을 준비하려면 건강과 맛이 적절히 조화를 이뤄야 하지 않을까 싶다. 분명 학교 급식으로 사이판 주정부에서 엄청난 예산을 사용할 텐데 아이들의 입맛을 고려하지 않는 메뉴가 개선 없이 반복적으로 나오는 것은 문제다.

학교 급식을 먹지 않는 아이들은 부모님이 도시락을 싸 주신다. 나도 처음 몇 달은 건강한 도시락을 싸 주고 싶어서 학교 급식을 신청하지 않았다. 그런데 매일 새벽같이 일어나서 새로운 메뉴로 도시락을 싸 준다는 것이 보통 일이 아니었다. 그래서 지금은 학교 급식을 먹고 있고 아주 가끔씩 삼각김밥 같은 간단한 도시락을 싸 준다.

도시락 외에도 간식을 싸 간다. 유치원과 초등학교 저학년은 간식을 먹는 시간이 따로 있다. 고학년은 간식 먹는 시간이 따로 없지만 출출할 때 쉬는 시간에 먹는다. SCS(Saipan Community School)는 음료수나 과자 같은 건강에 해로운 음식은 싸 오지 않도록 권장하고 있다. 그래도 싸 오는 아이들이 있지만 우리 집의 경우 아토피 문제도 있어서 거의 과일과 스트링치즈 정도를 싸 주었다.

첫째는 싸 준 스트링치즈를 보통 잘 안 먹는데 어느 날부터는 남기지 않고 다 먹고 왔다. 치즈를 이제는 좋아하나 싶었는데 알고 보니 학교 반려견 샘슨에게 간식으로 준 것이었다. 앞으로는 샘슨만 주지 말고 꼭 반씩 나눠 먹으라고 부탁하였다.

아이들 스스로 도시락 싸기

단기 학생으로 온 아이들이 맛있는 도시락을 싸 오는 모양이다. 또는 한국 도시락을 주문해서 배달해 먹는다. 식성이 무척 좋은 우리 아이들은 집에 돌아올 때마다 불만을 퍼붓는다.

"엄마, 애들이 닭강정 먹는데 내가 얼마나 먹고 싶었는지 알아? 나도 하나 줘~ 하고 싶은 걸 진짜 참느라 내가……."

자기들도 도시락을 싸 달라고 야단이다. 처음 한 달은 매일 새벽 5시 30분에 일어나 도시락을 싸 주었다. 너무너무 힘들었다. 다음 달은 일주일에 며칠만 싸 주고 학교 급식을 먹었다. 학교 급식을 먹는 날 좀 더 늦잠을 잘 수 있어 행복했다. 이제 도시락 싸는 날이 고역이다. 그 다음 달부터는 아예 학교 급식으로 다 주문했다. 도시락 싸는 일이 보통이 아니다. 매일 똑같은 메뉴를 싸 줄 수도 없고. 사이판에 다양한 식자재가 있는 것도 아니고. 아침부터 너무 바쁘고 지친다. 그 생활로 돌아갈 수는 없다.

"먹고 싶은 것은 저녁에 해 줄게. 그냥 학교 급식 먹자. 엄마도 사이판 생활을 좀 누리고 싶다. 이해해 다오."

아이들이 그렇다면 본인들이 도시락을 싸겠단다. 그 정도로 도시락에 진심이었구나. 어쨌든 그렇게 하라고 하였다.

"엄마, 아이들이 불 사용할 때는 부모가 곁에 있어야 한다고 했으니 대신 엄마도 일찍 일어나서 같이 있어."

"알았다, 얘들아. 그 핑계로 날 부려 먹으려는 모양이구나."

그래도 스스로 해 보겠다는 의지가 기특하였다. 정말 그다음 날 5시 30분에 알람 소리에 맞춰 일어나 나를 깨운다. 내가 도와준 부분도 있었지만 대부분의 일을 둘이서 해냈다.

소시지에 치즈를 말아 이쑤시개를 끼우고 토마토 간식에 김치, 쇠고기고추장볶음까지. 그날 오후 아이들이 스스로 만든 도시락이 너무 맛있었다면서 기뻐한다.

다음 날 큰아이는 도시락 대신 잠을 선택하였고 둘째는 어김없이 5시 30분에 일어나 본인 도시락을 준비한다. 피곤해서 매일 할 수는 없겠지만 가끔은 아이들 스스로가 도시락을 싸는 것도 좋은 경험이다. 엄마가 그동안 많이 힘들었을 거란 것도 몸소 느꼈길 바란다.

평상시에 아이들에게 싸 준 간단한 도시락

사이판은 안전할까?

사이판은 유명한 관광지라고 할지라도 관광 성수기를 제외하면 평일에 인적이 드문 곳들이 많다. 예를 들면 북부 지역의 만세절벽이나 새섬의 경우에도 처음 방문했을 때 우리 가족밖에 없었다. 처음이라 무서운 줄 모르고 둘러보았지만 나중에 그곳에서 관광객이 강도를 만나는 일이 가끔씩 있다고 들었다. 사람이 많지 않은 곳은 되도록 단체로 둘러보거나 주말을 이용해서 다녀오는 것이 안전하다. 어디에 가든 사람이 많지 않은 곳에서는 주의할 필요가 있다.

내가 자주 가던 San Antonio Beach(샌안토니오 마을 해변)도 주말에는 바비큐 파티를 하는 사람들로 붐비지만 평일에는 사람이 거의 없다. 처음에는 아무도 없는 곳에서 마치 전세를 낸 것처럼 신나게 물놀이를 했다. 점점 사람이 없는 곳에서 우리 가족만 있다는 것이 간담이 서늘하고 불안하였다.

이러한 불길한 예감은 현실이 되어 하루는 자동차에 좀도둑이 들어 물놀이 용품을 넣은 가방이 사라졌다. 다행히 지갑과 핸드폰은 혹시나 해서 숨겨 두었기에 망정이지 다 같이 도난당할 뻔했다. 자동차 바로 앞 해변에서 물놀이를 하기 때문에 자동차 문을 잠그지 않았던 것이 문제였다. 사람이 다치지 않고 물건만 도난당한 것이 다행이다. 그 큰 가방에는 과자 몇 개, 비치 타올, 물안경, 줄넘기 정도가 전부였다. 그 뒤로는 평일에는 샌안토니오 해변은 가지 않고 주말에만 이용한다.

사이판의 치안 상태는 비교적 좋다. 밤늦게 시내를 걸어 다녀도 특별히 불안하지 않다. 우리나라처럼 이곳 사람들도 공공장소에서 테이블 위에 핸드폰이나 자동차 열쇠를 두고 다니는 것을 볼 수 있다. 뷔페에 가서도 보통 가방을 의자에 두고 음식을 가지러 간다. 이런 것들을 봤을 때 비교적 타인에 대해 신뢰가 있는 곳이라는 것을 느낄 수 있다. 하지만 이곳도 사람 사는 곳이기 때문에 늘 강력범죄가 발생한다.

사이판 뉴스를 보면 어딘가에서 시신이 발견되기도 하고 얼마 전에는 중국인 부부가 차례대로 살해되는 사건이 있기도 했다. 2019년에는 샌안토니오 지역에서 떡집을 운영하던 한국 교민이 직원인 중국 동포와 함께 강도에게 총에 맞아 돌아가시는 일이 발생해서 현지 교민 사회에 큰 충격을 주었다. 귀중품이 들었을 것으로 추정되는 가방도 함께 사라졌다고 한다. 현금을 많이 지니고 있다는 사실을 알고 계획적으로 범죄가 일어난 것이 아닐까 추정하는 사람들이 많다.

이곳은 한국과 다르게 CCTV가 많이 설치되어 있지 않아 사고가 발생해도 범죄자를 찾기가 어렵다. 한인 강도 사건도 아직까지 범죄자를 찾지 못하고 미결 사건으로 남아 있다. 사이판은 또한 총기 소지가 가능한 곳이다. 그러므로 이곳 사람들과 원한 관계가 되지 않도록 주의하고 큰돈을 가지고 다니지 않도록 한다. 내가 너무 겁을 준 것은 아닌지 걱정이 된다. 사이판은 비교적 안전한 곳이다. 너무 걱정할 필요는 없다. 하지만 안전이 가장 중요하므로 늦은 시간에는 되도록 외출을 피하고 귀중품은 지니고 다니지 않는 것이 좋다.

사이판 응급 상황 전화: 911
대한민국 영사관 괌 출장소: +1(671)647-6488, 6489(근무시간)
영사콜센터(24시간 긴급 상담): +82-2-3210-0404
사이판에는 영사관이 없고 가장 가까운 괌에 영사 출장소가 있다.

마리화나, 비틀넛 그리고 포커장

   2010년쯤 미국에 갔을 때 워싱턴 대학 근처 저렴한 월세방을 구해 지낸 적이 있었다. 주말 오후 길을 걷다 보면 파티를 하는 대학생들을 많이 보는데 늘 나는 냄새가 있었다. 학생들이 모여 있는 곳에서는 담배 냄새는 아닌데 담배 같은 연기가 뿜어 나온다. 나중에 이 냄새가 대마초, 영어로는 '마리화나'라는 것을 알게 되었다.
   한동안 잊고 있었던 냄새였는데 이곳 사이판에서 또 다시 맡게 되었다. 냄새가 아주 오래된 잊고 있었던 기억을 소환해 주어 깜짝 놀랐다. 예전 워싱턴에서는 마리화나는 불법이었지만 공공연하게 피우고 있었다. 2012년 이후에는 워싱턴주에서도 합법화되었다. 이곳 사이판에서도 마리화나는 합법이다. 해변이라든가 세탁실 앞 사람들이 모여 있는 곳 어디에서라도 담배 냄새처럼 자주 맡게 된다. 마리화나는 키우기도 쉬워서 이곳 사람들은 일부러 키우기도 한다. 중독성이 담배보다 약한데도 불구하고 우리나라에서 불법인 이유는 마리화나가 키우기 쉬운 식물이어서 담배를 대체할 가능성이 높아서라는 의견도 있다. 담뱃세를 통해서 거둬들이는 세금이 막대하고 여러 담배 회사의 이권 문제 때문에 마리화나를 피울 시민의 자유를 보장하지 않는다는 비판이 나오기도 한다. 마리화나의 해악 문제나 여러 가지 이권 문제,

어떤 것이 진실인지는 모르겠지만 담배나 마리화나나 의료용으로 사용하지 않는다면 사람들의 건강에는 해로운 것이 사실이다.

현지인들 중에 이가 빨갛게 변색된 분들을 많이 보게 된다. 이 모습도 예전 인도에 여행 갔을 때의 기억을 소환하였다. 갠지스강에서 나룻배의 노를 젓던 한 총각이 빨간 이를 드러내며 환하게 웃었었다. 왜 이렇게 이가 빨간지 궁금했던 기억이 난다. 그 이후로도 인도에서 이가 빨갛게 물든 사람들을 많이 보았다. 모두 '비틀넛'이라는 열매 때문이다. 인도에서는 '빤'이라고 불렀었다. 주로 인도, 중국, 대만, 사이판, 동남아 지역 국가에서 사람들이 이 열매를 간식처럼 많이 씹는다. 우리나라에서는 '빈랑'이라고 부르고 씨앗이 한약재로 쓰이기도 한다.

사이판에서는 빈랑 열매를 반으로 가르고 향신료를 뿌려서 씹거나 석회 가루를 뿌려서 씹기도 한다. 악마의 열매라고도 불리는데 구강암이나 후두암을 유발하는 1급 발암 물질이다. 그럼에도 불구하고 사이판 마트 카운터에 진열해서 파는 경우가 많고, 많은 현지인들이 구입한다. 각성 효과와 통증을 잊게 해 주는 성분이 있어서 더운 곳에서 지치고 피곤할 경우에 이용한다. 연세가 있으신 분들은 병원에 자주 가기 힘들기 때문에 진통제처럼 습관적으로 씹기도 한다. 정말로 치료 효과가 있다고 믿는 분들이 많아서 꾸준히 이용하는 분들도 계신다.

하지만 안타깝게도 치료 효과보다는 각성에 의한 일시적인 효과이고 문제는 중독성이 있다는 것이다. 이 열매를 씹으면 입안이 빨갛게 변하면서 침이 많이 나오고 계속해서 갈색 침을 뱉게 된다. 그래서 건물 입구나 관공서 등에 'No betel nut' 또는 'No spit'이라는 문구가 많다. 호기심이 생기더라도 건강에 해로우므로 절대로 손도 대지 말아야 할 열매다.

　우리나라에 없는 또 다른 사이판 사회의 해악은 너무나 많은 poker 장이다. 건물에 하나씩은 보통 24시간 운영되는 포커장 즉 도박장이 있다. 우리나라에서는 이런 도박장이 사행성이 너무 강하기 때문에 불법인데 여기서는 합법적으로 운영되고 있다. 물론 포커장이 너무 많이 운영되고 있어서 더 이상 새롭게 포커장을 개장하는 것에 대해 무척 까다롭다는 얘기를 들었다. 도박장으로 너무 많은 돈이 흘러 들어 가기 때문에 예전에는 많은 한국 교민들이 포커장을 운영하였고 현금을 많이 거둬들였다는 얘기는 들었다. 지금 사이판에서 자수성가하여 사업을 운영하는 분들도 초기에는 보통 포커장에서부터 사업을 시작했다고 한다.

　포커장은 사람들의 도박 심리를 부추겨서 열심히 일을 해서 점차 나은 삶을 살겠다는 건전한 가치관을 무너뜨린다. 횡재나 일확천금을 노리고 돈을 도박장에서 허비하게 만들어 버린다. 이러한 문화가 서서히 젊은 사람들에게까지 파고들어 성실하게 일하고자 하는 자세보다는 삶을 가볍게 즐기고자 하는 마음을 갖게 하는 건 아닐까 하는 생각이 든다. 열심히 일하지 않아도 정부 지원금이 많아 현지인들은 먹고살 걱정은 하지 않아도 된다는 얘기가 있다. 안타까운 것은 푸드 스탬프 등의 정부 지원금 중 일부는 몰래 현금으로 바뀌어 포커장으로 흘러들어 간다는 것이다.

　기계 한 대당 어마어마한 세금이 붙으므로 다시 그 돈 중 상당수는 세금으로 징수가 될 것이다. 사이판 사회가 더 발전하고 경쟁력이 있으려면 젊은 사람들을 사행심으로부터 구하고 성실하게 일하는 사람들이 더 존중받는 사회가 되어야 할 것이다.

일반 슈퍼마켓에서 비틀넛 그리고 함께 씹는 잎을 판매한다.

사이판에는 포커장이 많다.

내가 자주 가던 해변

 사이판의 바다가 우리 아이의 아토피 문제를 해결해 주길 바라고 또 바랐다. 그래서 초반에는 거의 매일같이 바다로 나갔다. 그래서 그런지 아이들이 정말 많이 까매졌고 언제나 피부색이 돌아올지 걱정이 된다. 까맣게 된다 하더라도 피부문제만 해결된다면 괜찮았다. 결과적으로 아이의 피부가 많이 좋아졌고 바다가 좋은 치료제가 되었다고 생각한다.
 우리가 자주 가던 해변은 San Antonio Beach(샌안토니오 동네 해변)와 Sugar Duck(슈가덕 해변)이다. 처음 한 달 살기를 왔을 때 일부러 샌안토니오 해변과 가까운 'Lee's Comfort House'에서 묵었다. 정말 좋았던 점은 걸어서 바로 해변에 갈 수 있다는 점이다. 아침에 일어나면 바로 바다부터 다녀왔다. 사람들이 많이 오지 않는 샌안토니오 해변은 샌안토니오 중학교 바로 뒤편에 있는데 경치가 너무 아름답다. 모래도 흰빛을 띠고 밀가루 반죽처럼 곱다. 바다 빛깔도 가장 아름다운 에메랄드빛으로 수평선 저 너머까지 시야를 가리는 것이 없이 확 트여 있다. 저 멀리 산호 방파제 주변으로 넘실거리는 파도는 마치 고래가 헤엄을 치는 것처럼 생명력이 느껴진다. 바다와 붙어 있는 하늘에 나지막이 깔려 있는 뭉실 구름들은 배 모양, 동물 모양 등 다양한 모양으로 평화롭게 떠 있다. 아름다운 경치를 감상하며 깨끗한 바닷물에 몸을 담그면 세상의 근심이 모두 사라지는 기분이었다. 'Carpe diem'. 지금 이 순간을 즐기는 것이 가능해진다. 물안경을 쓰고 물 안을 가만히 내려다보면 작은 물고기들의 동굴 집들도 보인다. 그 주변에서 술래잡기를 하듯 빙빙 도는 물고기들, 동굴로 쏙 숨어 버리는 물고기들, 귀여운 물고기들을 관찰하는 재미도 쏠쏠하다. 모래가 고와 반죽을 하면 마치 점토 같다. 아이들은 모래 점토로 식당을 차리기도 하고 가게를 차리기도 하면서 모래놀이에 집중한다.

내가 사랑하는 샌안토니오 비치의 최고의 순간은 석양이 지는 6시 무렵이다. 하늘이 조금씩 빨갛게 물들면서 구름과 함께 펼쳐지는 예술쇼가 시작된다. 매일 달라지는 하늘의 예술쇼는 그날그날의 날씨와 구름의 모습에 따라 변화무쌍하다. 캠핑 의자에 앉아 그저 아무 생각 없이 바라보고만 싶은 예술쇼는 7시쯤이 되면 막을 내린다. 샌안토니오의 단점은 평일에는 사람이 거의 없다는 것이다. 한적한 시간을 보내기에는 평일이 좋지만 안전까지 생각한다면 사람들이 많은 주말을 이용하는 것이 좋다.

아이들이 재밌게 놀 수 있는 해변은 슈가덕이다. 모래사장 근처는 얕은 편이지만 해변 한편에 길게 나와 있는 부두 옆은 조금만 바다로 나가도 꽤 깊어진다. 이름에서도 알 수 있듯이 일본 제국주의 시대 때 일본으로 사탕수수를 운반했던 곳이다.

아이들이 이곳을 좋아하는 이유는 부두에서 바다로 다이빙을 할 수 있어서이다. 그리고 물이 빠졌을 때도 꽤 깊어서 재미있게 물놀이를 할 수 있다. 부두 주변으로 물고기들도 많이 모여들어서 스노클링을 하기에도 좋다. 슈가덕은 사이판 현지인들이 가장 사랑하는 비치 중 하나이다. 교통이 편리하고 사람들이 바비큐를 함께 즐길 수 있는 정자가 여러 곳 있다. 주말에는 어른들은 맥주를 마시며 수다를 떨고 아이들은 신나게 물놀이하는 곳이다. 이곳은 늘 사람이 있기 때문에 평일이나 주말에도 안전하다.

샌안토니오 비치 노을　　Photo by 유라 맘

샌안토니오 비치

슈가덕 비치

독특한 해안선을 가진 Wing Beach(윙 비치)에는
바위 주변에서 신기한 바다 생물들을 볼 수 있다.

예쁜 돌과 조개껍질을 찾을 수 있는
Ladder Beach(래더 비치), 인적이 드문 것이 흠이다.

내가 자주 가던 음식점

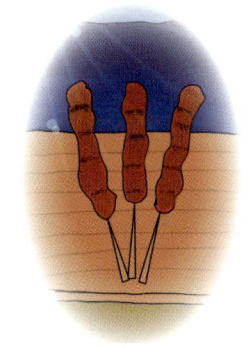

초창기 사이판에 지낼 때는 여행하는 기분을 만끽하고 싶어서 외식을 많이 했다. 하지만 시간이 갈수록 여행자의 마음에서 사이판에 사는 엄마의 마음으로 자리 잡으며 너무 많은 지출에 대해 고민하지 않을 수가 없었다. 이제 외식은 일주일에 한두 번 정도만 한다. 우리가 자주 가던 음식점들은 보통 고정되어 있다. 주관적인 사이판 생활 책답게 매우 주관적으로 '내돈내산' 좋아하는 음식점들을 소개하고자 한다.

가끔씩 오는 남편에게 맛있는 음식점이라고 하며 데리고 가면 꼭 하는 말이 있다. "사이판에 너무 오래 있었구나!" 이 말의 의미는 한국에 맛집이 얼마나 많은데 여기가 맛있다고 하느냐는 반문이다. 그렇다. 한국과 비교하면 안 된다. 한국에는 더 맛있는 맛집들이 동네마다 있다. 하지만 여기는 사이판 작은 섬이라는 것을 기억해야 한다. 그리고 다양한 민족들이 터를 잡고 생활하는 만큼 다양한 나라의 음식들을 맛볼 수 있으니 열린 마음으로 늘 감동할 마음의 준비를 하고 식당을 찾아가면 좋겠다.

Spicy Thai Noodles

미들로드에 위치한 음식점으로 가라판에서 차를 타고 가면 가깝다. 예전에는 가라판에 위치했는데 3년 전쯤에 넓은 곳으로 이전을 했다.

분위기는 예전 가라판에 있을 때가 좋았다고 한다. 현재 예전 가라판 자리에는 'the Original Lucky Bill'이라는 또 다른 태국 음식점이 운영 중이다. 스파이시 타이 누들에 많이 가서 새로운 태국 음식이 먹고 싶을 때 the Original Lucky Bill에 가는 것도 괜찮다. 두 곳 다 음식 맛이 좋다.

　스파이시 타이 누들은 한 달에 한 번 이상은 꼭 가는 곳이었다. 태국 음식을 워낙 좋아하기도 하고 이곳이 태국의 정통 맛을 잘 살리고 있다고 생각하기 때문이다. 워낙 유명한 음식점이다 보니 갈 때마다 손님들이 북적북적하다. 아이들은 파드타이라는 볶음국수, 뿌팟퐁커리, 쇠고기쌀국수를 주로 먹는다. 여기 파드타이는 건두부가 많이 들어 있는데 아이들이 무척 좋아한다. 아쉽지만 개인적으로 대표 메뉴인 쌀국수는 맛있다는 생각이 들지 않았다. 뿌팟퐁커리는 게가 들어 있는 카레 요리인데 맵다. 늘 덜 맵게 "Less spicy please."라고 주문하지만 여전히 맵다. 매워서 혀를 내밀고 부채질을 하면서도 세 명에서 남은 국물 한 방울까지 밥에 비벼 먹을 정도로 감칠맛이 좋다.

　내가 좋아하는 요리는 똠

Spicy Thai Noodles
쇠고기쌀국수와 파드타이

얌꿍과 팟카파오무쌉이다. 똠얌꿍은 레몬그라스 향이 많이 나는 빨간 국물 요리다. 빨갛지만 맵지는 않다. 시큼하고 달콤하고 살짝 매콤하고 짜고 부드러운 코코넛 맛도 나는 더울 때 입맛을 살리는 요리다. 팟카파오무쌉은 돼지고기를 볶은 소스를 밥과 함께 먹는 덮밥 요리다. 바질 등의 허브와 함께 매콤하게 볶은 소스는 이국적이고 평상시 접하지 못하는 맛인데 거부감이 들지 않고 무척 맛있다. 이 음식도 제법 매워서 아이들과 먹을 때는 덜 맵게 해 달라고 주문을 한다.

그 밖에도 스프링롤은 하나에 50센트인데 바삭바삭하고 맛있다. 여기서 만든 매콤한 피시소스에 찍어 먹으면 맛이 더욱 좋다. 파파야샐러드, 튀긴 생선 요리, 죽순 요리 등도 맛이 괜찮았다.

점심시간 11시~2시 사이에는 간단한 뷔페를 운영한다. 1인 15달러이고 8살 이하는 8달러이다. 다양한 태국 음식들을 한 번에 즐기고 싶다면 뷔페를 이용하는 것도 나쁘지 않다.

Spicy Thai Noodles 점심 뷔페

the Original Lucky Bill 파드타이, 스프링롤, 똠얌꿍

Coasta 뷔페

사이판 북부 아쿠아 리조트 안에 있는 뷔페이다. 이곳을 좋아하는 이유가 많이 있지만 제일 중요한 이유 중 하나는 BTS가 사이판에 있을 동안 묵었던 곳이기 때문이다. 여기 뷔페 Costa에 가면 카운터 옆에 BTS 친필 사인이 전시되어 있다.

이곳은 가성비가 매우 훌륭하다. 맛도 좋을 뿐만 아니라 가격도 매우 합리적이고 아이들이 수영장도 이용할 수 있다는 보너스가 있다. 다른 호텔 뷔페에 비해 음식의 종류가 많은 것은 아니지만 각각의 음식이 손이 많이 가는 맛있는 음식들이다. 육식파를 위한 고기 종류 메뉴, 생선 요리, 면 요리가 있고 요일마다 특색 있는 음식들을 선보인다. 음식을 계속 따뜻하게 데워 줘서 음식이 식지 않아 좋다. 최근에 갔을 때는 크리스피누들과 폭립이 맛이 좋았다. 음료도 자몽주스, 패션프루트주스 등 다양하다. 그리고 뷔페의 하이라이트는 역시 디저트! 최근에는 치즈케이크와 미니마늘육쪽빵이 맛있어서 많이 먹었다.

많이 먹었다면 이제 운동을 열심히 할 차례! 점심 식사를 하면 리조트 수영장 이용이 무료이다. 1m 수심의 풀장이 넓어서 아이들이 놀기에 적당하고 수심 3m인 곳도 있어서 아이들이 여기서 무척 놀고 싶어 한다. 물을 무척 좋아하는 우리 아이들은 실제로 한번 놀기 시작하면 8시 정도까지는 쉬지 않고 논다.

마지막에 갔을 때 로컬 할인을 받아 어른은 23달러 11세 이하 어린이는 13달러였다. 세 명에서 49달러였는데 가격 대비 만족스러운 식사를 했다.

아쿠아 리조트 수영장, 점심 뷔페를 이용하면 수영장을 무료로 이용할 수 있다.

Lavista

비치로드 학교 가는 길에 자주 보던 약간은 허름해 보이는 음식점이다. 음식점 이름이 특이해서 멕시코 요리 음식점인가 하는 생각이 들었다. 그런데 우연찮게도 이곳 짬뽕이 맛있다는 얘기를 듣게 되었다. 음식점 이름이랑 너무 어울리지 않다는 생각에 깜짝 놀랐다. 긴가민가하며 아이들을 데리고 음식점에 갔는데 사장님이 중국 동포시다. 그래서 한국 음식도 잘하시고 중국 음식도 잘하신다. 손맛이 아주 좋은 분이라는 생각이 들었다. 개인적으로 여기 식당에서는 양식보다는 한식이 낫고 한식보다는 중식이 더 맛있었다.

  아이들이 좋아했던 음식은 볶음짬뽕, 짬뽕, 짜장면, 지삼선이라는 세 가지 야채볶음, 꿔바로우, 탕수육 등이다. 그중에서 볶음우동을 가장 좋아하는데 적당히 맛있게 매콤하고 해물과 야채가 푸짐하다. 면도 탱글탱글 맛있게 익혀 주신다. 짜장면은 자주 먹고 싶어서 여러 음식점에서 주문해서 먹어 보았는데 여기 짜장면이 제일 맛이 좋았다. 개인적으로 피자 같은 양식 요리는 내 입에 맞지 않았다.

  여기는 사이판에서 유일하게 수제 순대를 만들고 족발을 삶는다. 마트에도 순대는 팔지 않는다. 한국 분식집에도 순대 메뉴는 없다. 머릿속에 순대가 왔다 갔다 할 때쯤 여기 식당에서 순대를 만든다는 것을 알고 깜짝 놀랐다. 맛은 한국에서 생각했던 순대 맛과는 조

꿔바로우와 볶음우동

금 달라서 아쉬웠지만 순대국밥 등 순대 음식을 접할 수 있다는 것이 좋았다. 음식을 주문하면 기본으로 나오는 한식 반찬도 매번 달라지는데 여러 가지 반찬을 푸짐하게 주시고 맛도 좋아서 식사가 끝나면 모조리 포장해 온다.

Pho Tom

오리지널 반미   Pho Tom 스페셜, Large size

베트남 쌀국수와 반미가 맛있는 곳이다. 비가 오랫동안 와서 몸이 으슬으슬한 날 따끈한 국물이 생각날 때 가는 곳이다. 국물 맛이 좋고 쌀국수의 종류도 정말 다양하다. 우리가 주로 먹는 것은 스페셜 쌀국수인데 다양한 쇠고기 종류와 미트볼이 들어 있고 커다란 갈빗대가 인상적이다. 갈비탕을 먹는 것처럼 맛이 시원하다.

반미는 바삭한 바게트 빵에 야채와 햄 그리고 베트남식 소스가 들어 있는데 바삭한 빵과 아삭한 야채의 식감이 좋고 베트남 소스의 새로운 맛이 조화를 잘 이룬다. 춘권, 프레시 스프링롤도 인기 메뉴 중 하나이다. 이곳의 단점이라고 한다면 쌀국수의 가격이 15달러~18달러 정도로 비싸고 양이 적다는 것이다. 돈을 추가하여 큰 사이즈를 시킬 수 있지만 내 배가 너무 큰 탓인지 여전히 양이 적다는 느낌이었다.

한국관(Korean House Restaurant)

카노아 리조트 맞은편 건물 2층에 있다. 집에서 가까워서 한국 음식이 그리울 때 가는 곳이다. 메뉴가 무척 다양하다. 아이들이 좋아하는 메뉴는 참치회덮밥, 돼지불고기냉면 세트, 해물칼국수, 순두부찌개 등의 메뉴이다. 나는 돌솥비빔밥, 야채가 가득한 물비빔국수, 어른들은 소주에 생참치회, 곱창전골 등을 좋아한다. 대부분의 음식이 맛이 좋지만 어떤 메뉴들은 실망스러울 때도 있다.

누구나 좋아하는 메뉴는 삼겹살, 갈비, 불고기같이 즉석에서 구워 먹을 수 있는 메뉴들이다. 반찬도 매일 바뀌는데 정갈해서 좋다.

불고기   야채물국수

Pacific Palm Resort 식당

Pacific Palm Resort 관리 사무실 건물 안에 있는 식당으로 수영장 바로 앞에 있다. 반찬을 푸짐하게 주셔서 좋다. 다섯 가지 정도의 반찬에 전을 구워서 주시는데 바삭한 전이 생각나서 다시 가고 싶을 정도이다. 다른 음식들도 맛있지만 탕수육이 제일 유명하다. 맛있게 잘 튀겨진 탕수육과 소스는 일품이고 양과 가격도 만족스럽다. 나가사키짬뽕도 맛이 좋다.

대부분 맛있었지만 짜장면과 닭갈비같이 몇몇 메뉴는 내 입에 맞지 않았다.

탕수육과 짬뽕

나가사키짬뽕

수라(Sura)

가라판 시내에 있는 규모가 제법 큰 한국 식당이다. 다양한 종류의 한국 음식을 팔며 늘 한국인과 외국인들로 북적이는 음식점이다. 가장 인기가 많은 메뉴는 참치회와 로브스터 세트 메뉴이다. 나는 주로 점심 뷔페를 왔는데 어른 15달러 아이 11달러 정도로 다양한 한식을 맛볼 수 있어서 좋다. 구워져 나온 고기를 샐러드와 고추장 양념으로 함께 먹고 비빔밥 재료들이 있어서 맛있게 비벼 먹을 수 있다. 아이들은 떡볶이와 치킨을 좋아한다.

수라 점심 뷔페

Guangzhou Restaurant

우리들이 좋아하는 중식당이다. 가라판 크라운 리조트 정문 부근에 있다. 중국 단골들도 많이 찾는 가게이다. 가게가 작아서 포장하는 분들이 많다. 맛도 괜찮고 가격도 정말 싸다. 세 명이서 배불리 먹고도 30달러를 보통 넘지 않는다. 메인 메뉴가 10달러 아래인 것들이 많다. 우리가 좋아하는 메뉴

아이들이 좋아하는 샤오마이와 창펀

는 jingjiang pork, 마파두부, 창편, 샤오마이, 샤오룽바오, 탕수육, 캉콩, 볶음밥, 각종 면 요리 등이다. jingjiang pork는 여기에서 처음 먹어 보는 중국 요리이다. 전병에 볶은 돼지고기를 싸 먹는 요리인데 담백하고 맛이 좋다. 마파두부는 매콤하고 씹는 맛이 좋다. 창편은 전분으로 만든 만두 요리인데 부드러운 맛이 좋다. 샤오마이와 샤오룽바오도 저렴한 가격에 맛볼 수 있다. 탕수육은 sweet and sour pork라는 영어 이름에 맞게 정말 새콤하고 달콤하다. 볶음밥과 각종 면 요리도 맛있는 편이다. 최대의 단점은 음식이 늦게 나온다는 것이다. 점심 시간과 저녁 시간에는 좀 더 일찍 가서 주문하는 것이 덜 기다리는 방법이다.

jingjiang pork   마파두부

Plumeria Steakhous

무척 깔끔하고 인테리어에 신경을 많이 쓴 음식점이다. 한국인 사장님이 운영하시는 곳이다. 음식이 정갈하고 군더더기 없는 맛이다. 입맛이 아주 까다로운 남편도 맛있다고 칭찬한 음식점이다. 아이들이 가장 좋아하는 음식은 씨푸드파스타다. 소스가 느끼하지 않고 푸짐하다. 스테이크도 적당히 잘 익혀서 나오며 고기도 질기지 않고 부드럽다.

매일 달라지는 점심 특선 메뉴

오전에는 커피를 무한으로 제공하고 다양한 아침 메뉴를 7달러 정도에 제공한다. 점심에는 매일 다른 오늘의 스페셜 메뉴를 맛볼 수 있다. 점심 스페셜은 가격도 12달러로 저렴한 편인데 스프와 샐러드도 함께 제공한다. T 멤버십이 있다면 할인을 받을 수 있다.

Seafood rose pasta

스테이크피자

Godfather's Bar

맛있는 갓 구운 피자를 먹고 싶다면 점심에 방문해 보자. 저녁에는 펍으로 운영되어 밴드 공연도 하고 흥에 겨워 시끌벅적하다. 낮에는 식사 메뉴가 있어 아이들 데리고 방문이 가능하다. 아이들의 ESL 영어 선생님께서 제일 좋아하는 피자 가게라고 하셔서 호기심에 방문해 보았다. 따끈하게 구운 피자가 정말 맛있었다. 피자는 보통 21달러 정도인데 크기가 정말 커서 세 명이서 나눠 먹을 수 있다. 아이스티는 무료로 제공해 준다.

GodFather's 바 실내　　　슈퍼슈프림과 미트러버 반반 피자

Surf Club

한국에서 가족이나 친구가 여행을 오면 꼭 한 번씩 들르는 곳이다. 비치 바로 앞에 자리 잡은 음식점인데 6시쯤 아름다운 석양을 바라볼 수 있다. 이곳에 함께 왔던 모든 사람들이 정말로 만족했던 장소이다.

사이판에 온 첫날 저녁 식사를 하기에 아주 좋은 곳이다. 이곳에서 식사를 해도 괜찮고 안주와 맥주를 곁들여 저녁 시간을 낭만적으로 보내기에도 좋은 곳이다.

메뉴가 상당히 다양하고 전반적으로 맛이 괜찮았다. 내가 먹은 음식 중에 가장 맛있었던 것은 크리스피누들(Crispy Noodles), 투나포케(Tuna Poke 참치를 소스에 버무린 에피타이저), 찹스테이크(Chop Steak), 프라이드룸피아(Fried lumpia) 등이다. 크리스피누들은 튀긴 면에 해산물 소스를 곁들여 먹는 음식인데 양이 상당히 많다. 프라이드룸피아는 면과 로메인상추가 함께 나오는데 상추에 스프링롤을 싸서 소스에 찍어 먹으면 정말 맛있다. 개인적으로 스테이크나 닭고기 요리는 다른 요리에 비해 입에 맞지 않았다.

프라이드룸피아와 크리스피누들스

해변 앞을 예쁜 조형물들과 아름다운 조명으로 장식해서 분위기를 내며 사진 찍기에도 좋은 곳이다. 아이들이 늦은 시간까지 모래놀이를 하며 파도를 쫓아다니는 동안 어른들은 지는 태양을 바라보며 흐뭇한 미소를 지을 수 있다.

CK Smoke House

Photo by Jorgie

비치로드 남쪽에 위치해 있는 음식점이다. 이 음식점의 가장 큰 장점은 양이 푸짐하다는 것이다. 양이 푸짐하면서도 맛이 좋다. 개인적으로 판싯(Pancit)과 치킨을 좋아한다. 판싯은 다양한 종류의 면과 푸짐한 야채 등의 재료로 맛있게 맛을 내었다. 치킨은 프라이드치킨도 맛있지만 한국 스타일 치킨이 너무 맛있다. 주문을 할 때 코리안 스타일 치킨이라고 하면 메뉴판에는 없는 매콤한 양념치킨을 만들어 주신다. 큰 닭을 사용해서인지 치킨 한 마리도 양이 어마어마하게 많다. 나는 보통 10분 전에 전화로 주문을 하고 치킨을 포장해서 집에서 먹는다.

치킨 말고도 아직 먹어 보지 못했지만 불랄로(Bulalo)라는 필리핀식 갈비탕이 인기 메뉴이다. 따끈하고 담백한 국물에 푸짐하게 소고기가 들어 있어서 한국인들 입맛에도 잘 맞는다고 한다.

The Hut

새롭고 이국적인 음식이 먹고 싶고 멕시코 음식이 떠오른다면 '더 헛'으로 가 보자. 현지인들 사이에서 인기 있는 음식점이다. 가라판 부근에서 가까운 비치 로드에 위치한다.

마리아나 미식 축제에서 Hut 가판대

부리또, 퀘사디아, 타코 모두 맛이 훌륭하다. 나만의 부리또를 주문할 수 있다. 고기와 속 재료들을 직접 골라서 주문을 한다. 예를 들어 속 재료를 밥으로 선택할 수도 있고 캘리포니아 프라이로 선택할 수도 있다. 나초와 살사소스는 언제 먹어도 질리지 않는다. 여기서 내가 가장 좋아하는 메뉴는 Carnitas Taquitos이다. 고기에 돌돌 말린 토르티야를 튀겨서 각종 소스와 함께 먹는 요리인데 가격도 10달러 정도로 저렴하다.

Shirley's Coffee Shop

처음 사이판에 와서 자주 갔던 음식점 중 하나이다. 사이판에서 가장 대중적인 음식점으로 미들로드와 수수페에 있다. 아침밥을 먹을 수 있는 많지 않은 음식점 중 하나이다. 이곳은 볶음밥이 맛있는 집인데 볶음밥만 시키기보다는 메인 요리에 볶음밥을 추가하는 것이 이득이다. 3달러 정도만 더 지불하면 볶음밥을 추가해 주는데 양이 정말 많아서 남은 음식은 꼭 포장해서 가게 된다. 볶음밥에 MSG 사용 여부를 표시하니 참고하여 볶음밥을 고를 수 있다.

자주 먹는 음식은 가리비 관자(scallops)를 곁들인 뉴욕스테이크, Short Ribs(우리나라 LA갈비), 크리스피파타이다. 뉴욕스테이크는 그때그때 고기의 질이 달랐는데 보통은 맛이 괜찮았고 곁들여 나오는 관자는 버터에 구워서 고소하다. 관자가 맛있어서 추가 요금을 내고 관자를 더 주문하기도 한다.

Lechon Kawali 삼겹살튀김과 볶음밥

여기서 내가 가장 좋아하는 메뉴는 필리핀식 족발튀김인 크리스피 파타(Crispy Pata)이다. 족발 요리이기 때문에 잡내가 나는 음식점들이 있는데 여기는 맛이 괜찮았다. 처음에는 이 요리가 느끼하다고 생각했는데 먹으면 먹을수록 자꾸 생각나는 맛이다. 겉은 바삭한데 기름기가 많아 느끼하고 고기가 많은 곳은 맛이 뻑뻑할 수 있다. 겉과 속 고기를 따로 떼어 내 함께 곁들여 매콤한 소스에 찍어 먹으면 바삭함과 담백함을 한 번에 맛볼 수 있다. 이것도 양이 많아서 늘 포장해 오게 되는 음식이다.

Dolphin Restaurant

가라판 시내 DFS 면세점 앞 '그랜드브리오 리조트(Grandvrio Resort)' 10층에 위치한 일본식 식당이다. 경치가 매우 아름다운 곳이다. 전면 유리창 바로 밖으로 사이판의 바다가 드넓게 펼쳐진다. 분위기와 인테리어가 아름답고 직원들도 매우 친절하다. 분위기를 내고 싶을 때 방문하면 좋다.

눈이 행복하고 서비스가 만족스럽고 분위기도 좋지만 입맛까지 행복하게 해 주지 못하는 점은 아쉽다. 각종 벤토 음식이 괜찮았지만 개인적으로 라멘 요리들은 입에 맞지 않았다. 가격이 비싸지 않으면서도 점심 식사에는 식전 스프, 아이스티, 후식으로 아이스크림까지 무료로 제공하여 가성비가 훌륭하다.

함박스테이크 벤또와 냉소바 벤또

Mariana Lighthouse

한국인들 사이에서 등대 음식점으로 통하는 곳이다. 옛 일본군의 등대였던 역사적인 장소인데 한국인 사장님께서 멋진 음식점으로 개조하였다. 전망 좋은 'Navy Hill'에 자리 잡고 있어서 가라판 시내와 아름다운 바다가 한눈에 들어온다. 6시쯤 석양이 내려앉을 때 이곳에서 시원한 바람을 맞으며 경치를 감상한다면 정말 잊을 수 없는 순간을 만들게 될 것이다. BTS를 좋아하는 나에게는 BTS가 다녀간 곳이라 더욱 의미가 크다.

특히 화요일 저녁에 시간이 된다면 꼭 등대를 방문해 보자. 일주일에 한 번 화요일 저녁에는 음식점 마당에서 야시장이 만들어진다. 무대에서 멋진 음악을 들으며 사랑하는 사람들과 맥주도 마시고 맛있는 음식을 함께 먹는다. 경치도 아름답지만 사진을 예쁘게 찍을 수 있는 포토 존도 많이 있다.

한국에서 부모님과 동생 가족들이 여행을 왔을 때 이곳에 함께 왔는데 모두가 너무 행복한 시간을 보냈다. 기분이 저절로 좋아져 아이들, 조카 그리고 남동생과 일어나서 함께 덩실덩실 춤을 추었다. 평상시에는 할 수 없는 너무나도 민망한 일이지만 그날은 음악에 취해 분위기에 취해 자연스럽게 춤을 추었다.

야시장에 오면 우리는 주로 몽골리안 누들, 햄버거, 각종 바비큐 등을 주문해서 먹는다. 남편은 특히 곱창 바비큐를 보고 너무 반가워하며 많이 먹었다.

화요일 야시장이 아니어도 분위기 좋은 곳에서 차를 마시고 식사를 하기 위해 낮에도 등대를 많이 찾는다.

연어나 회를 좋아한다면

우리 아이들은 연어를 좋아해서 가끔씩 조텐쇼핑센터(Joten Shopping Center)에서 연어를 사서 본인들이 회를 떠서 초밥을 만든다. 그 정도로 좋아하는 연어인데 마음껏 먹기가 쉽지 않다. 연어롤이나 초밥이 간단하게 먹고 싶다면 미들로드에 있는 'New Shinsen Sushi'도 괜찮다. 두툼한 회로 롤과 초밥을 큼직큼직하게 만들어서 몇 개만 먹어도 배가 불러 온다. 연어 초밥 10개가 30달러이고 롤 한 줄이 보통 14달러 내외 정도이다.

New Shinsen 연어초밥, 야키소바, 새우튀김롤

고급스러운 회 코스 요리를 맛보고 싶다면 켄싱턴 호텔의 일식 코스 'Meisho'가 있다. Meisho의 회 요리는 무척 신선하고 고급스럽다는 평가를 받는다. 미리 예약을 해야 하고 이용 시간은 저녁 식사 시간 5시 30분~9시 사이에 2부로 나누어 운영한다. 성인 65달러, 아동 25달러다.

Meisho

가라판 하얏트 리젠시 호텔 식당 미야코가 아주 괜찮은 초밥 회 뷔페였는데 아쉽게도 2024년 6월에 하얏트 호텔이 문을 닫게 되면서 식당도 더 이상 운영을 하지 않을 예정이다.

커피와 디저트를 즐기고 싶다면

난 커피를 즐기지는 않지만 달달한 커피가 마시고 싶은 날이 있다. 비치로드에 '670'이라는 한국인 사장님이 운영하는 커피 전문점이 있다. 이곳 대표 메뉴인 코코넛커피스무디가 더위를 식혀 주는 데 제격이다. 또한 달고 부드러운 코코넛 맛은 커피와 잘 어울린다. 카페인에 약한 나는 밤에 잠을 제대로 이루지 못하는데 그럼에도 가끔씩은 기분 좋게 마시고 싶다.

사람들이 가장 많이 가는 커피 전문점은 가라판 한복판에 위치한 'Cha Cafe'이다. 이 층 건물의 이 카페는 현지인들에게 오랫동안 사랑받아 왔다. 독특한 사이판만의 커피를 마시고 싶다면 씨솔트 커피(Sea Salt Americano)를 주문해 보자. 함께 먹을 수 있는 빵류도 다양하고 맛있다.

Cha Cafe 바로 맞은편에 최근 'Ohas Cafe'가 생겼다. 켄싱턴 호텔 내부에 있던 Ohas Cafe의 분점이다. 너무 멀어서 맛볼 수 없었던 Ohas의 맛있는 빵들을 이제는 가까이서 맛볼 수 있게 되었다. 대표 메뉴인 사과빵과 망고빵은 정말 사과와 망고를 닮았는데 빵 속 사과필링과 망고필링이 맛있다. 한국인들뿐만 아니라 현지인들 사이에서 인기가 높아지는 곳이다.

  망고식스 맞은편에 Coffee Stop이 있다. 유명한 망고식스보다 구글에서 평점이 더 높다. 우리 학교 커피 애호가 선생님들도 커피 맛이 좋아서 일부러 이곳을 들르신다. 커피를 별로 즐기지 않는 나는 이곳 블루베리스무디를 좋아한다. 그리고 내가 이곳을 무척 좋아하는 이유는 한국 책이 많아서다. 한국 책이 읽고 싶을 때 들르면 좋다.

  우리 아이들은 아이스크림을 무척 좋아한다. 피부 염증 문제 때문에 자주 사 먹지는 못하지만 가끔씩은 기분 내러 아이스크림을 먹으러 간다. 우리가 좋아하는 아이스크림 가게는 가라판에 있는 Panda House Waffle이다. 방금 구운 커다랗게 올록볼록한 와플에 맛있는 아이스크림을 함께 먹으면 너무 맛있다. 크라운 플라자 리조트 1층 카페에서 파는 젤라토 아이스크림도 아이들이 무척 좋아한다.

  아침과 브런치를 전문적으로 하는 The Shack도 오랫동안 사랑받은 음식점이다. 다양한 서양식 아침 메뉴들을 먹을 수 있는데 특히 팬케이크의 종류가 다양하고 예뻐서 눈도 함께 즐거워진다. 새로운 음식을 시도해 보고 싶다면 한 번쯤 The Shack도 괜찮다. 우리들은 밥순이들이라 아침으로 빵을 먹지 않아 자주 가 보지는 못했다.

바비큐가 먹고 싶을 때

  사이판에서 자주 먹을 수 있는 음식 중 하나가 꼬치 바비큐이다. 가격도 저렴하고 불 맛이 가득해서 간식으로 반찬으로 먹어도 맛있다. 예전에는 Matty's 바비큐가 가장 유명해서 자주 갔었다. 하지만 집에

Cha Cafe, 마카다미아넛커피

Ohas Cafe

Cafe 670, 코코넛커피스무디

Panda Waffle 아이스크림

Shack의 다양한 팬케이크

Coffee Stop

서 멀어서 자주 가지 못하게 되었다. Matty's 바비큐를 대체할 수 있는 바비큐 집이 필요했다. 올레아이 비치 산책길을 걷다가 맛있는 바비큐 냄새가 솔솔 풍겨 왔다. 올레아이 'Modern office supply' 옆 바비큐 집이다. 닭꼬치와 돼지고기꼬치 모두 1달러이다. 'PIC 리조트' 앞에도 Thai Fast Food 간이식당이 있다. 포장만 가능하다. 파드타이, 스프링롤, 볶음밥, 치킨 등의 메뉴가 있고 꼬치는 돼지고기만 있는데 1달러에 판매한다. PIC에서 수영하거나 이곳 숙소에서 묵을 때 길 건너편에 있어서 포장해서 먹으면 편리하다.

　PIC 리조트 부근 사이판 남쪽에 'Ranch BBQ BAR'가 있다. 즉석에서 바비큐를 요리해 준다. 다양한 종류의 바비큐가 있는데 다른 곳에는 없는 양꼬치와 소고기꼬치도 있다. 가격은 꼬치당 1~2달러이다. 개인적으로는 양꼬치가 가장 맛있다. 짭짤하고 중국식 향신료 맛이 강하지만 다음에 또 생각나는 맛이다.

　바비큐는 보통 포장해 와서 먹는다. 주문하고 밖에서 기다리려면 시간이 많이 걸리니 전화로 미리 예약한 후에 출발하는 것이 좋다.

Ranch BBQ 양꼬치, 쇠고기 꼬치, 닭꼬치

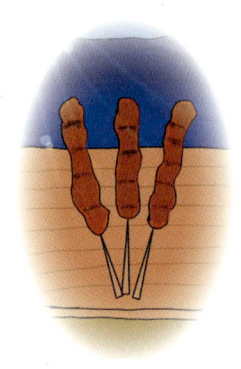

내가 자주 이용하던 마트와 가게에서 장보기

　사이판에서는 하루에도 여러 군데를 돌며 장을 봐야 하는 일이 생긴다. 각각의 마트가 각기 다른 영역의 물건이나 식자재를 팔기 때문이다. 예를 들면 미국 본토에서 들여오는 물건은 '조텐쇼핑센터'에 많다. 중국이나 아시아에서 들여오는 물건 식자재는 'New XO마트'에 많다. 한국 음식을 만들 때 필요한 식자재는 한국 마트에 가야 한다. 저렴하게 대용량으로 판매하는 제품은 예전에 코스트코였던 '조텐 스토어'에 많다. 신선한 냉장육은 '페이리스(Payless)'에서 구입할 수 있다.

　쌀의 경우에는 한국인분들은 보통 노란색 포장의 'Calrose' 쌀을 사 드신다. 우리나라 쌀과 비슷한 품종이다. 하지만 개인적으로 한국 쌀보다는 맛이 없다. 나의 경우에는 태국과 베트남 쌀을 사 먹었다. 안남미 품종의 길쭉한 쌀인데 영어로는 'Jasmine rice'라고 한다. 풀풀 날리는 쌀이라고 좋아하지 않

는 분들도 많은데 먹다 보면 향이 너무 좋고 맛도 달다. 한국 압력밥솥으로 밥을 하면 제법 찰기도 있다. 내가 주로 먹었던 쌀은 'Lotus'와 'Royal Umbrella'이다.

참고로 바비큐를 몹시 사랑하는 사이판에서도 다양한 쇠고기 부위를 판매하고 가격도 저렴하다. 모든 것이 한국보다 물가가 비싸지만 쇠고기만큼은 맛도 좋고 가격도 저렴하다. 사이판에 머무는 동안 다양한 부위의 쇠고기를 맛보자.

한국 사람들은 스테이크용으로 보통 Ribeye(꽃등심), New York steak(뉴욕 스테이크) 부위를 많이 선호한다. 나의 경우에는 가격도 비싸고 기름진 꽃등심, 뉴욕 스테이크보다 살코기가 많으면서 맛있는 top sirloin(등심 부위), tri-tip(삼각살), flat-iron(부채살) 부위를 더 좋아하였다. chunk roll(윗등심살)도 약간 질기지만 풍미가 좋아 스테이크로 좋다. 삼각살, 부채살은 스테이크뿐만 아니라 볶음이나 국거리용으로도 괜찮은 부위이다. 그 밖에도 한국인들은 국거리나 장조림, 육개장용으로 brisket(양지머리) 부위를 많이 사용하고 short rib(LA갈비로 불리는 부위)으로 찜이나 구이 요리하는 것을 좋아한다.

Payless SuperFresh&Truckload Store

나는 사이판 남부 지역에 살고 있기 때문에 그 지역에 위치한 마트를 주로 이용하였다. 나의 경우 백립이나 다양한 부위의 쇠고기는 페이리스에서 구입하였다. 사이판에서 냉장육을 가장 다양하게 신선하게 판매하는 곳이 이곳이다. 다진 쇠고기도 입자가 굵어서 식감이 좋

다. 냉장 소시지의 종
류도 다양하다. 야채도
다른 마트에 비해 신선
하고 종류도 많다. 하
지만 전반적으로 다른
마트에 비해 가격이 비
싸다는 단점이 있다.

Joten Shopping Center

조텐마트 중에서 비교적 규모가 큰 '수수페 조텐쇼핑센터'에는 다양한 제품들을 판매한다. 식품부터 가정용품까지 다양하다. 나의 경우 빵, 시리얼, 스낵, 음료, 생활용품 등을 주로 여기서 구입하였다. 가격이 대체적으로 다른 마트에 비해 저렴한 편이다. 페이리스만큼 다양하지는 않지만 냉장육을 판매한다. 여기는 국거리용 쇠고기로 쓸 수 있는 쇠고기를 팩으로 포장해서 판매하고 있어서 눈에 보이면 꼭 하나씩은 산다. 없을 때는 스튜용 고기를 요

리하고 먹기 좋게 자른다. 고기는 페이리스보다 저렴한 편이다. 연어가 먹고 싶다면 유일하게 연어를 손질해서 판매하는 곳이 여기이다. 간단하게 한 끼를 먹을 수 있는 간이식당도 있다. SKT 이용자라면 T 멤버십을 이용해서 할인을 받을 수 있다.

New XO Mart

New XO 마트는 미들로드에 있어서 우리 집에서 먼 곳이다. 그래서 자주 가지는 않지만 워낙 식자재가 다양하다 보니 안 갈 수가 없는 곳이다. 중국 식자재와 저렴한 생활용품들이 많다.

아시아 식품도 많은데 특히 한국 식자재도 굉장히 풍부하다. 유일하게 냉동 동태알과 곤이를 팔고 있어서 알탕 요리를 가능하게 해 주는 곳이다. 마라탕을 좋아한다면 모든 마라탕 재료들을 구할 수 있다. 이곳에서 냉동 낙지, 새우, 미역줄기, 샤브샤브용 쇠고기 등을 많이 샀다. 냉동 쇠고기를 대량으로 묶어서 싸게 팔아 냉동실에 쟁여 놓고 먹어도 좋을 것 같다. 아쉬운 점은 현재 위생 등급이 C등급이다. 이에 반해 바로 옆에 있는 'LJ마트'는 위생 등급도 A인 데다 굉장히 정리 정돈이 잘되어 있고 물건 진열을 깨끗하게 하고 있어서 위생을 생각하는 사람이라면 LJ마트도 추천할 만하다.

K SuperMarket

구글 지도에는 옛날 이름인 'Afetna SuperMarket'으로 검색된다.

K 슈퍼마켓은 내가 살고 있는 위너스 레지던스에서 걸어갈 수 있는 가장 가까운 한인 마트다. 어떤 분은 위너스 레지던스가 K 생활권이라며 이 한인 마트가 가까이 있는 것을 너무 좋아하셨다. 나도 거의 매일같이 가는 곳이다.

한국 생수를 구입할 수 있고 다른 마트에서 팔지 않는 식자재를 팔고 있어서 좋다. 로컬 계란은 비린 맛 없이 신선하고 맛이 고소해서 비싸지만 떨어지지 않게 꼭 쟁여 놓는다. 한국 상추도 고기 먹을 때 꼭 여기서 사게 된다. 한국에서 직수입하는 커다란 배도 비싸지만 맛이 좋다. 한국 우유와 유제품, 빵도 판매한다.

한창 포켓몬빵을 한국에서 눈 씻고 찾기 힘들 때 이곳에서는 넘쳐났었다. 아이들은 이 진귀한 포켓몬빵이 사이판 시골에 진열되어 있는 광경을 보고 충격에 빠졌었다. 그 뒤로 K

슈퍼마켓은 아이들이 제일 좋아하는 마트가 되었다.

　야채는 주로 로컬에서 생산된 것을 구입한다. 신선하고 가격도 저렴하다. 토마토, 캉콩, 콩나물, 무 등등. 캉콩은 커다란 한 묶음을 1달러 정도에 저렴하게 판매하는 요즘 말로 혜자 같은 야채이다. 캉콩은 동남아 지역에서 보통 사용되는 말이고 공심채 또는 모닝글로리로도 알려져 있다. 맛이 너무 좋아서 밥도둑이다. 올리브유와 마늘을 넣고 볶다가 굴소스로 간을 하고 때에 따라 새우나 쇠고기를 함께 요리해서 먹으면 정말 맛있다.

　먹어 본 적은 없지만 참치회도 소량으로 썰어서 판매한다. 우리 아이들이 좋아하는 로스트치킨도 한 마리씩 조리해서 판매하는데 맛이 괜찮다. 가격도 10달러 정도이다. 밥하기 귀찮은 날 가끔씩 사게 된다. 그 밖에도 김치를 팩에 담아서 3달러 정도에 판매하는데 맛이 나쁘지 않아 김치를 사게 되면 여기서 구입하였다. 무말랭이김치도 맛이 괜찮아서 보쌈 같은 음식을 할 때 곁들여 먹으면 좋다. 그 밖에 다른 종류의 반찬들도 냉장고에서 판매하는데 솔직히 맛이 좋지 않아서 구입하지 않는다.

　이곳에서 팔지 않는 식자재가 필요할 때는 New XO Mart가 멀기 때문에 근방에 있는 Blue Sky Supermarket에 간다. 중국인 사장님이 운영하는 마트로 New XO Mart의 축소판 같은 느낌이다. New XO Mart의 주요 품목들이 있고 한국 식자재도 다양한 편이라 장보기에 괜찮다.

Home And Plus

K 슈퍼마켓과 같은 건물 한편에는 홈앤드플러스(Home And Plus)라는 생활용품 잡화점이 있다. 저렴하게 많은 물건을 팔고 있어서 생활용품을 구입하기 좋다. 구두 신발 종류가 많아서 아이들 공연할 때 필요한 검정 구두를 여기서 구입할 수 있었다. 그리고 그릇을 비롯한 주방 용품들이 많아서 가끔씩 가게 되는 곳이다. 학용품, 이불, 의류뿐만 아니라 의자 테이블 같은 가구도 판매하고 있다. 매장 규모가 꽤 크다.

I Love Saipan

한국에 다이소가 있다면 사이판에는 '아이러브사이판'이 있다. 규모가 큰 아이러브사이판은 매장이 두 개인데 하나는 가라판 시내 중심가에 있고 또 다른 하나는 미들로드에 있다.

두 매장이 판매하는 제품의 종류가 다르다. 미들로드에 있는 아이러브사이판은 정말 다이소처럼 저렴하게 각종 생활용품, 주방 용품, 레저용품, 의류, 인테리어 소품, 취미 용품 등을 판매하고 있다. 사이판 여행 기념품이나 사이판 특색이 살아 있는 선물을 구입하고 싶다면 가라판 아이러브사이판 매장으로 가야 한다. 두 매장 모두 아이들이 재미있게 구경할 수 있는 물건들이 많은 곳이라 자주 가고 싶어 한다.

가끔 이곳에서 물건들을 구경하면서 시간을 때우기도 한다.

작은 규모의 아이러브사이판 기념품 가게는 월드리조트, 켄싱턴호텔, 하얏트호텔 등에서도 운영한다.

National Office Supply

사이판에 문구 전문점이 있는지 한참 몰랐을 때 친구들 선물이며 학용품을 '조텐 쇼핑몰'에 가서 샀다. 가격도 비싸지만 물건이 많지 않아서 어려움을 겪었다. 나중에서야 사이판에서 가장 큰 문구점인 'National office supply'가 있다는 사실을 알았다.

이곳은 각종 학생들을 위한 문구류, 사무용품, 간단한 간식, 생활용품, 생활 잡화 등을 판매하고 있다. 친구들을 위한 선물도 이곳에서 구입하기에 좋다. 가격도 다른 마트에 비해 저렴한 편이다.

이곳의 단점은 오후 4시쯤에 문을 일찍 닫는다는 것이다. 아이들과 가야 한다면 학교 끝나고 부지런히 가야하고 되도록 주말을 이용해서 다녀오면 여유 있게 돌아볼 수 있다.

다른 문구점으로는 'Modern Office Supply'가 있다. 이곳은 보통 오후 5시 30분까지 영업을 한다. 규모는 National Office Supply보다 작지만 비교적 크고 있어야 할 물건들을 갖추고 있다.

사이판의 맛있는 과일과 농장 투어

한국에 가도 5월이 되면 노랗게 익은 망고가 떠오를 테고 입안은 침이 고이게 될 것이다. 5월은 망고의 계절이다. 망고나무가 참 많다. 커다란 망고나무에 망고가 셀 수 없이 주렁주렁 매달려 있다. 안타까운 점은 이렇게 망고가 많지만 마트에서는 잘 팔지 않는다는 점이다. 너무나 쉽게 구할 수 있는 과일이기 때문에 그렇다. 하지만 나처럼 망고나무가 없는 사람들은 누가 망고 주기를 기다리거나 직접 망고를 주우러 다닌다. 골프장, 호텔, 숙소 등 여럿이 함께 사용하는 공간에 망고나무가 있다면 땅에 떨어진 망고를 줍는 것은 괜찮다. 초록색 망고도 말랑해지고 노랗게 되면 맛이 달콤하고 부드럽다. 사이판 망고는 크기가 작고 씨앗이 크기 때문에 예쁘게 먹을 수가 없다. 갈비를 뜯듯이 껍질을 깐 망고를 손으로 들고 먹어야 제맛이 난다.

망고

용과

사이판에서 난생처음 먹어 보게 된 과일 중 하나가 사워숍(soursop)이다. 맛없게 생긴 과일이었는데 한 입 먹어 보고 그 맛에 정말 반했다. 딱딱하다면 며칠 숙성해서 말랑말랑해질 때까지 기다려야 한다. 하얀 과육에 까맣고 큰 씨앗이 있는데 맛은 정말이지 딸기 풍선껌에 바나나를 더한 맛이나 종합과일주스 맛이라고 표현할 수 있을 것 같다.

세상에서 가장 큰 과일로 알려진 잭프루트(Jackfruit)도 사이판에서 자주 접할 수 있다. 큰 열매는 20㎏~40㎏까지도 자란다고 하니 놀랍다. 두리안처럼 생겼는데 맛은 전혀 다르다. 참고로 사이판에는 두리안이 없다. 잭프루트는 식감이 쫄깃해서 채식주의자들이 좋아하는 과일 중 하나라고 한다. 어떤 사람들은 잭프루트가 맛없다고 하는데 덜 숙성된 상태에서 먹어서가 아닐까 싶다. 충분히 숙성시켜서 과육이 샛노랗게 익으면 말린 과일을 먹는 것처럼 식감이 쫄깃하다. 잭프루트는 무겁고 껍질도 단단하고 진액이 끈적여서 집에서 과일을 자르는 것은 고된 작업이다. 집에서 과일을 잘라야 한다면 이등분을 해서 자른 후 가운데 두꺼운 심을 제거하면 된다. 심을 제거한 상태에서 껍질을 반대 방향으로 뒤집고 과육을 뜯어내면 된다.

사이판에 왔다면 코코넛을 많이 마셔 줘야 한다. 처음에는 밍밍하다고 생각했던 코코넛 물이 이제는 갈증이 날 때나 더울 때 자주 생각난다. 나의 경우 코코넛을 구입할 때 코코넛 물과 과육인 coconut meat를 분리해서 포장해 달라고 한다. 코코넛 물은 물통이나 페트병에 담아 냉장고에 보관하면 짭조름하고 달콤하고 시원한 코코넛 물을 갈증이 날 때마다 마실 수 있다. coconut meat는 초장에 찍어서 반찬으로 먹는다. 새콤한 초장과 코코넛 과육은 정말이지 너무 잘 어울린다.

그 밖에도 우리 아이들이 좋아하는 과일은 용과(dragon fruit)와 스타프루트(star fruit)이다. 용과 중에서 안이 보라색인 것이 맛이 달고 식감이 좋다. 스타프루트는 풋사과와 비슷한 맛이 나고 새콤하다.

사이판은 과일 농장이 없기 때문에 마트에서 현지 과일을 사기가 쉽지 않다. 과일을 먹고 싶다면 토요일 아침에 열리는 토요 농부시장에 가 보자. 저렴한 가격에 다양한 과일들을 살 수 있다. 'Garapan Public Market'으로 구글 맵에서 검색해서 찾아가면 된다. 이른 아침부터 12시 정도까지 장이 서는데 일찍 갈수록 좋은 물건을 살 수 있다.

jackfruit 잭프루트

jackfruit 잭프루트나무에 열린 열매들

아이들과 'OK 농장' 투어를 다녀온 적이 있다. OK 농장은 한국인 부부가 오랜 시간 동안 2만여 평에 조성한 과일 농장이다. 농약이나 화학 비료 없이 친환경으로 과일나무를 가꾸는 곳이다. 자녀가 있다면 열대과일 나무를 보고 맛보고 체험해 볼 수 있는 좋은 기회가 될 것이다. 나처럼 과일을 좋아하고 새로운 과일을 맛보고 싶은 사람들에게도 좋은 투어이다. 농장에서 본 나무들은 라임, 청귤, 코코넛, 잭프루트, 망고, 타마린드, 바나나, 아보카도, 코코넛 등이다. 농장 일부를 함께 산책하며 다양한 과일을 맛보여 주시는데 나중에는 배가 불러서 더 이상 먹을 수가 없을 지경이었다.

농장에서 처음으로 노니를 먹어 보았다. 어르신들은 없어서 못 드신다고 하는데 나는 맛이 너무 써서 먹을 수 없었다. 노니는 비누로만 사용하기로 결심했다. 라임은 너무 새콤했지만 비타민을 많이 먹고 피부가 탱탱해지길 바라며 이를 악물고 먹었다. 청귤은 라임과 비슷하게 생겼지만 많이 시지 않고 우리나라 귤과 맛이 비슷했다. 청귤나무도 많고 열매도 어마어마하게 열렸는데 수확할 수가 없어서 땅에 떨어져서 썩는다고 하셨다. 너무 아까워서 가져간 가방에 잔뜩잔뜩 담아서 가져왔다. 집에 와서 며칠간 맛있게 먹고 남은 것은 청귤잼을 만들어서 토스트에 발라서 먹었는데 향이 참 좋았다.

농장에는 과일나무만 있는 것은 아니었다. 마침 농장에는 한 청년이 텐트에서 숙식을 해결하며 지내고 있었는데 자칭 타칭 타잔으로 불리어지고 있었다. 채식주의자에 과일주의자여서 이 농장은 타잔에게 천국과도 같은 곳이다. 그는 정말 타잔처럼 옆에 나무 베는 칼을 차고 긴 머리를 휘날리며 농장에서 투어 가이드도 하고 나무도 가꾸며 지낸다. 영화에라도 나올 법한 모습의 타잔은 다른 사람이라면 노숙자 같앉겠지만 워낙 잘생겨서인지 잘 어울린다. 본인도 잘 어울린다는 것을 알고 있는지 사진 모델도 자연스럽게 해 주신다. 아이들을 위해 직접 코코넛나무에 올라가 코코넛도 따 준다. 타잔이 나타나면 개와 고양이들이 조르르 따라다닌다.

  농장에서 맛있는 과일도 먹고 나무에 대해 공부도 하고 타잔과 사진도 찍고 개와 고양이 그리고 닭, 병아리들까지 구경할 수 있어서 참 즐거웠다.

  참고로 농장 투어는 1인당 25달러이고 타잔이 하는 BBQ 포함 영어 농장 투어는 35달러이다.

내가 좋아하는 사이판 관광지

마나가하

 마이크로 비치에서 보이는 아름다운 작은 섬이 마나가하다. 사이판에서 가장 대표적인 관광지다. 마나가하에 가는 방법은 몇 가지가 있다. 여행사를 통해 예약을 하면 페리를 타고 오전 일찍 나갔다가 12시 30분쯤에 돌아온다. 작은 배를 타고 가는 방법도 있는데 가는 시간은 자유롭고 돌아오는 시간은 오후 4시경이다. 모두 25달러 정도인데 숙소로 차량 픽업을 해 줘서 편리하지만 정해진 시간에 움직여야 하는 단점이 있다. 작은 배를 부두(가라판 부근, Smiling Cove Harbour)에서 타고 갈 경우 1인당 부두 이용비 3달러를 지불해야 한다.
 여행사를 통하지 않고 개인적으로 가는 방법은 Crown Plaza Resort 앞 해변에서 직접 배를 타고 가는 방법이다. 간이천막을 치고 배를 탈 손님을 기다리는 곳으로 가서 직접 돈을 지불하고 다녀오는 방법이다. 왕복 1인당 15달러이다. 가는 시간과 오는 시간을 내가 정할 수 있어서 편리하다. 시원하게 바닷바람을 맞으며 아름다운 바다를 바라볼 수 있다. 운이 좋으면 수면 위를 떠다니는 예쁜 거북이를 볼 수 있다. 속도가 빨라서 약간의 스릴도 있다. 단점이라면 예약 없이 가게 되면 배가 없어 출발을 못 해 난처해질 수 있다. 미리 예약을 하는 것이 좋고 카카오톡 등의 연락처를 안 후에 당일 출발하기 전 다시 한 번 확인하면 좋다.

예전에 마나가하에 가는 배에서 만난 한 젊은 여행객이 "우와, 바다색 미쳤다!"라고 외쳤다. 너무 강한 표현이라 거부감도 생기지만 아름다워서 미쳤다는 말밖에 나오지 않는 그 마음은 이해가 갔다. 감히 세상에서 가장 아름다운 바다색이라고 얘기할 수 있을 정도이다. 신이 사람의 마음을 행복하게 하는 가장 아름다운 색의 조합으로 만들어낸 예술품이었다. 비취색과 푸른색, 짙은 청남색의 조화가 파란 하늘에 떠다니는 구름과 함께 넘실거린다.

마나가하 선착장에서 1인당 10달러 환경세를 지불한다. 로컬 운전면허증이 있으면 환경세를 지불하지 않아도 된다. 선착장에서부터 정말 많은 물고기들이 보인다. 물이 맑아서 귀엽게 모여드는 물고기들의 움직임이 선명하다. 스노클링을 하면서 얼마나 많은 물고기들을 만나게 될까 너무 기대된다.

아이들이 물놀이를 하면 많이 배고파한다. 물, 간식, 점심은 꼭 가져간다. 마나가하 안에도 컵라면 등 각종 간식과 먹을거리를 팔지만 가격이 비싼 편이다. 나의 경우에는 김밥을 포장해서 가져가거나 삼각김밥을 만들어 간다. 같이 곁들여 먹을 컵라면과 보온병에 담은 뜨거운 물을 가져간다. 환경 보호를 위해 국물이 남지 않도록 물은 조금만 사용한다.

이제 신나는 스노클링 시간! 아이들은 마나가하를 여러 번 왔기 때문에 이제 겁도 없이 구명조끼를 하지 않으려고 한다. 해안 근처 얕은 곳에서는 구명조끼를 안 해도 되지만 스노클링 할 때는 반드시 구명조끼를 착용하기로 약속했다. 아이와 손을 잡고 함께 좀 더 깊은 곳으로 가 본다. 부두와 가까운 쪽 산호와 까만 바위가 많은 곳에 물고기들이 많다. 어떤 물고기들은 사람들이 빵가루를 주기 때문에 일부러 다가오기도 한다. 현란한 색의 뾰족한 주둥이 물고기, 길쭉한 물고기, 파란 물고기, 노란 물고기, 줄무늬 물고기 등 다양한 종류의 열대어들이 있는 수족관 속에 들어온 기분이다. 니모도 만나고 도리도 보고 니모가 있던 수족관 속 대장도 만나고 물고기 구경하는 재미에 시간 가는 줄 몰랐다.

 그리고 꼭 보고 싶었던 물고기가 있었다. 아빠 물고기! 전날 남편과 아이들이 화상통화를 했다. 우리가 마나가하에 놀러갈 예정이라고 하니 아이들 아빠가 주황 물고기로 변신해서 마나가하로 갈 테니 꼭 아빠를 만나라고 하였다. 주황 물고기를 찾을 수 있을까? 아이들과 나는 재미로 열심히 주황 물고기 탐색에 나섰다. 앗! 주황 물고기다. 꼬리 쪽이 주황색인 아담한 물고기가 있었다. 열심히 따라가니 주황색 물고기는 우리에게 눈길도 주지 않고 바위에 붙은 이끼를 열심히 먹는다. 우리는 주황색 물고기를 향해 신나게 손을 흔들었다.

 마나가하에서 꼭 보고 싶었던 물고기가 있었는데 바로 상어다. 무서운 큰 상어가 아니라 아기 상어. 사람들이 많이 보았다던 아기 상어를 지금까지 만나지 못했다. 열심히 상어를 찾아다니다가 드디어 발견했다. 하얀색 아기 상어는 얕은 물에서 유유히 헤엄치고 있었다. 몸통은 하얀데 지느러미는 까만색이다. 상어 뒤로 졸졸졸 쫓아다니는 물고기도 눈에 띄었다. 엄마 아빠 상어는 보고 싶지 않지만 아기 상어는 너무 귀여워서 눈을 뗄 수가 없었다.

  시간 가는 줄 모르고 아이들은 신나게 놀았다. 얼굴도 오기 전보다 더 까매졌다. 더 까매질 수 있다니! 지금도 많이 까만데. 그래도 아이들이 신나게 놀았으니 그걸로 대만족이다. 아이들을 물에서 끌고 나오고 부랴부랴 짐을 챙겨서 부둣가로 향한다. 우리를 태우고 왔던 스피드보트가 왔다. "우리 그냥 간다~!" 손을 흔들며 떠나 버리는 시늉을 한다. "안 돼! 가지 마~!" 리액션을 해 주며 재미있게 다시 만났다. 다시 시원한 바닷바람을 맞으며 크라운플라자 리조트 해변으로 향한다. 점점 멀어지는 마나가하를 바라보며 한국 가기 전에 몇 번이나 더 올 수 있을지 벌써부터 아쉬워진다.

타포차우 산과 산타루데스 성당

정글 투어를 가는 날이다. 한국에서 부모님과 동생네 가족이 사이판을 방문했다. 차량 2대에 나눠 타고 투어를 갔다.

타포차우산에 올라가는 길은 약간의 스릴도 있고 못 보던 풍경을 볼 수 있어 좋았다. 이 높은 곳에도 사람들이 사는 고급 저택들이 있다니 놀랍다. 아무리 좋아도 이렇게 교통이 불편한 곳에서는 살고 싶지 않을 텐데 비라도 많이 오면 어떻게 하지? 그래도 지금 이 순간만큼은 멋진 경치를 매일매일 바라볼 수 있는 이 저택의 소유자가 정말 부럽다.

산타 루데스 성당은 작지만 무척 아름다운 곳이었다. 자연이 만든 기암절벽 사이로 무수한 나무뿌리들이 커튼처럼 드리워져 있고 거기에 마리아상이 있었다. 사람들의 염원이 담긴 촛불들도 켜져 있다. 저절로 신심이 흘러나오고 경건한 마음이 든다. 거기에는 성수가 있었는데 우리 모두 몸 여기저기에 성수를 뿌리며 건강을 빌었다. 기념품 가게에는 아이

산타 루데스 성당

러브사이판에서 보지 못했던 아기자기한 것, 새로운 것들이 많았는데 가격도 저렴했다. 다음에 또 간다면 여기서 기념품을 많이 사고 싶다는 생각이 들었다.

 타포차우산 정상에서는 동쪽과 서쪽의 사이판섬을 모두 둘러볼 수 있다. 가라판도 작게 한눈에 보인다. 멀리 산호방파제도 보이고 아름다운 사이판이 한눈에 보이니 신기하고 바람도 시원하다. 타포차우산은 그렇게 높지 않은 산이지만 세상에서 가장 깊은 마리아나 해구에서부터 뻗어 나온 산이라고 생각한다면 어쩌면 세상에서 가장 높은 정상을 가진 산이다.

 다음으로 과일 농장을 방문했다. 거기서 미모사를 보았다. 살짝만 건드려도 잎이 움츠려드는 미모사를 아이들은 무척 신기해했다. 야자나무도 많이 있었는데 나무에 칼로 홈을 만들어 밟고 올라갈 수 있도록 해 놓으셨다. 우리들은 살짝 올라가서 야자수를 따고 건네주는 듯한 여러 가지 설정 사진도 찍고 아름다운 과일 농장 내

부를 산책했다. 농장 투어가 끝날 무렵 스타프루트, 파파야, 바나나, 코코넛 등 맛있는 과일을 잔뜩 먹을 수 있도록 한상 차려 주신다. 한국에서는 볼 수 없는 다양하고 예쁜 과일에 피곤이 사라진다. 너무 배불러서 다 먹지 못할 정도로 과일을 많이 먹었다. 그중 가장 기억에 남는 과일은 코코넛 과육이었다. 그냥 먹으면 심심한 맛이었는데 가이드 아저씨가 준비해 주신 초고추장에 찍어 먹으니 오징어 회를 먹는 듯한 식감과 맛이 났다. 전에 몸에 좋다고 해서 토요 시장에서 코코넛 과육을 사 온 적이 있다. 그때는 손이 안 가서 다 먹지 못하고 버렸는데 초고추장과 먹으니 너무나 맛이 좋다.

 다음은 자동차로 정글을 지나 제프리 해변에 갔다. 타잔과 정글 동물들이 튀어나올 것만 같은 비포장도로를 차로 이동했다. 그렇게 다다른 해변은 거친 파도가 치는 아름다운 작은 해변이다. 파도가 바위 구멍을 뚫고 나오며 웅~ 하며 내는 소리가 신기하다.

 기대를 많이 안 하고 신청한 투어였지만 가족 모두와 너무 즐거운 시간을 보냈다. 다음에 기회가 된다면 산타 루데스 성당을 다시 방문해서 좀 더 오랜 시간 둘러보고 싶다.

과일 농장 photo by BJY

Forbidden Island(금단의 섬)

힘든 기억은 사라지고 좋은 추억만 남는다. '포비든 아일랜드'를 다녀온 아이들의 반응이다. 아이들은 맨 처음 포비든 아일랜드를 다녀왔을 때 너무 힘들다며 다시는 가지 않겠다고 다짐했었다. 비가 와서 발에 끈적이는 진흙이 잔뜩 달라붙어 한 발 한 발 떼기가 어려웠다. 넘어지기도 여러 번! 게다가 밧줄을 잡고 내려가고 올라가는 어려운 코스도 있다. 도착해서 물가에서 스노클링을 하고 간식을 먹을 때는 좋았다. 그런데 다시 돌아갈 때 올라가는 길이라 아이들이 많이 지쳤었다.

그런데 웬일인지 힘들었던 기억들이 좋은 추억이 되어 다시 가자고 조르는 것이다. 이번 봄방학 때 다른 한 집과 함께 포비든 아일랜드에 다시 갔다. 전날 비가 와서 걱정은 되었지만 이 좁은 섬 안에서도 날씨는 변화무쌍하고 다양해서 포비든 아일랜드는 날씨가 나쁘지 않을 수도 있겠다는 생각이 들었다.

다행히 건기라 땅이 질퍽하지는 않았다. 가는 길은 푸른 풀들이 말라 갈색빛 물결을 이루고 있었다. 전에 이곳에서 왕도마뱀을 마주쳤다. 큰 개만 한 도마뱀을 갑작스럽게 만나 많이 놀랐는데 도마뱀도 놀랐는지 허둥지둥 수풀로 사라졌었다. 오늘도 마주치면 좋겠는데 그런 기회는 흔하지 않겠지?

갑자기 확 트인 바다가 한눈에 들어온다. 해안절벽과 끊임없이 밀려오는 파도. 이름 'Forbidden Island(금단의 섬)'에서 느껴지듯이 비밀스러운 성지 같은 작은 섬. 깊은 바다는 검은 듯 푸른 듯 물결에 넘실거리며 햇빛에 반짝거린다. 사람을 홀리게 하는 멋진 풍경 때문일까, 여기서는 파도에 휩쓸려 목숨을 잃은 사람도 많다. 자꾸만 더 가까이 다가가고 싶은 욕구를 참기 힘든 곳이다.

암벽 등반을 하듯 줄을 잡고 경사진 곳을 내려와 바람을 따라 고개를 좌우로 숙이는 풀숲을 지났다.

Forbidden Island

갑작스럽게 마주친 낭떠러지 옆 샛길. 바람이 갑자기 불기까지 해서 심장이 쫄깃해진다. 아름답지만 위험한, 그래서 더 매혹적인 곳, 포비든 아일랜드. 아이들이 이곳을 지날 때 내 마음도 긴장감이 감돈다. 작은아이는 이 부근에서 균형을 잃어 한 번 삐끗했고 큰아이는 살짝 미끄러져 이 부근을 빠르게 뛰어 통과한다. 간담이 서늘해진다. 맨 처음 이곳을 다녀간 후 밤에 잠을 이루지 못했다. 자꾸만 잔상이 떠오른다. 내가 그곳 낭떠러지 옆에 서서 아래를 내려다보는 것이다. 너무 생생해서 몸이 부르르 떨리기까지 한다.

긴 풀들이 우거진 곳을 팔로 밀어 내며 해안가에 도착했다. 아이들은 이번이 세 번째 하이킹이라 처음보다는 힘들어하지 않고 힘든 곳일수록 도전감을 불태우며 발을 내딛는다. 아이들이 정신적으로도 체력적으로도 많이 성장했구나. 징징거리는 나약한 모습을 많이 봤었는데 이렇게 용감해지다니 뿌듯하다. 앞으로 부모의 삶도 뒤에서 아이들이 한 발 한 발 내딛는 모습을 조용히 응원하며 때로는 긴장감 속에 살겠지. 그럼에도 불구하고 도전하는 아이들을 말리지 않고 따뜻하게 바라보겠다.

파도가 거세다. 지난번 스노클링을 신나게 했던 곳은 물이 많이 찼다. 전에 함께 놀던 물고기들일까? 물고기들이 많이 모여든다. 하지만 물 밖에서 아쉽게 바라만 보았다. 전에 가 보지 못한 해안선의 왼쪽으로도 가 본다. 마침 투망으로 물고기를 잡는 현지인이 계시다. 왼쪽으로 가면 멋진 폭포가 있다고 한다. 바위에서 뿜어져 나온다는데 볼 수 있을지 모르겠다. 아름다운 해안선을 감상하며 왼쪽으로 돌다 물이 깊어지고 파도가 세서 다시 돌아왔다.

하이킹을 함께한 지주 씨와 아이들   Forbidden Island 동굴

  그리고 나서 아이들이 가고 싶어 하는 동굴로 향했다. 가시선인장 길을 지나고 시원한 언덕이 나온다. 한쪽은 끊임없이 몰려오는 파도, 한쪽은 거대한 채굴장처럼 바위투성이다. 뾰족뾰족한 바위들을 건너 가고 기어가고 올라가니 커다란 암석이 나온다. 오른쪽에는 밧줄로 암석 위를 등반할 수 있는 곳이 나온다. 왼쪽은 바위 사이에 사람이 지나갈 수 있는 작은 구멍이 있다. 먼저 오른쪽 밧줄을 타고 낮은 정상에 올라가 본다. 클라이밍을 즐기는 사람들이 이런 기분일까? 어디를 디뎌야 할까? 손과 발을 뻗어 지탱할 곳을 찾아 차근차근 올라가니 어느덧 꽤 높이 올라왔다. 바닷바람이 시원하다. 내가 올라온 곳을 내려다보니 다리에 힘이 빠지는 기분이다. 다시 천천히 내려간다.

  이번에는 동굴이 나올 거라고 전혀 생각되지 않는 작은 구멍으로 차근차근 내려가 본다. 구멍 아래로 내려가니 너무나 아름다운 동굴을 마주친다. 밖에서 들어온 햇빛이 은근한 조명이 되는 멋진 동굴이다. 동굴에는 물도 고여 있는데 아이들이 물놀이를 충분히 할 수 있는 수영장 같았다. 물이 맑아 바닥이 보여 얕아 보였지만 막상 들어가 보면 발이 닿지 않는 깊은 곳도 있다. 수영을 할 줄 모르는 아이들은 정말 주의해야 한다.

　동굴 수영장 건너편에는 동굴 밖으로 나갈 수 있는 작은 구멍이 창처럼 나 있다. 처음 여기 왔을 때는 그 창을 넘어가 온천같이 생긴 곳에 엄마들과 옹기종기 모여 앉아 얘기를 나눴었다. 그 앞에 펼쳐진 장대한 바다 풍경은 너무 아름다워서 사람들을 매혹시켰다. 아름다운 파도를 바라보며 좋은 사람들과 이야기를 나눴다. 그때의 즐겁고 행복했던 순간은 평생 잊지 못할 것이다.

　이번에 아이들과 왔을 때는 파도가 거세고 물이 차올라서 감히 밖으로 나가 보지 못했다. 창밖으로 아련하게 거대한 파도를 바라보았다. 저 파도에 많은 한국인들이 휩쓸렸다는 얘기를 들었다. 동굴 밖 파도가 아름다워 단체로 여행 온 한국인들이 바다에 발을 담갔다가 갑자기 닥친 큰 파도에 휩쓸렸다고. 감당할 수 있을 것 같은 파도가 치다가도 가끔 거대한 파도가 사람들을 집어삼키는 곳이라 동쪽 해안에서는 언제나 조심해야 한다는 얘기를 들었다.

　서쪽 해안은 수심이 얕고 산호가 만든 자연 방파제가 저 멀리 큰 파도를 막아 주기 때문에 안전하다. 그래서 서쪽 해안에 해변이 조성되어 있고 사람들이 수영을 즐긴다. 사람들이 많은 곳이기 때문에 자연스럽게 시가지도 발달하고 주택가도 들어서게 되었다. 그에 반해 동쪽은 파도가 거칠고 바위가 많기 때문에 인구 밀도가 낮은 편이고 대신 때 묻지 않은 아름다운 자연을 체험할 수 있다.

아이들과 한참을 동굴에서 놀았다. 동굴 물은 그늘진 곳이라 무척 차가웠다. 하지만 아이들은 물고기 구경도 하고 간식도 먹고 수영도 하며 신이 났다. 더 놀고 싶어 했지만 이제 돌아갈 시간이다. 아쉬워하는 아이들에게 다음을 약속하며 달래서 오던 길을 다시 걷는다. 많이 지쳤을 텐데 걸음걸음이 씩씩하다. 못 가겠다고 징징거리던 아이들은 이렇게 점점 듬직해지고 있다.

후들거리는 다리로 처음 시작했던 입구로 되돌아왔다. 하지만 자연이 주는 황홀한 엔도르핀 덕분인지 근육통이 느껴지지 않았다. 올라오는 동안 허벅지 근육이 당겨 왔지만 절벽에서 부는 시원한 바람과 초현실적인 경치는 스테로이드 주사를 맞은 것처럼 힘이 나게 하였다. 오히려 근육통의 아려 옴도 기분 좋게 느껴진다. 입구 표지판에는 크게 "Your life is at risk"라고 쓰여 있다. 가이드 없이 오는 것은 매우 위험하다는 내용과 함께 말이다. 우리는 모두 안전하다. 오늘도 무사히 돌아왔다는 안도감에 기쁘다. 다 함께 무사귀환을 축하하며 기분 좋게 기념사진을 남긴다.

한국에 돌아가기 전에 또 올 수 있을까? 가도 가도 또 가고 싶은 곳이 이곳 Forbidden Island이다. 금단의 섬에 자꾸만 가고 싶은 것은 금지된 것을 강렬하게 바라는 청개구리 심보인 것일까? 함께 왔던 한 어머니의 표현처럼 길을 걷고 아름다움에 흠뻑 빠지는 사이에 그 길 끝에 지혜를 얻었다. 집을 나와 걷고 경험하고 교류하다 보면 다양한 지혜를 사람으로부터 자연으로부터 얻을 것이다. 앞으로 남은 사이판에서의 시간들도 그리고 그 이후의 시간들도 더 멋지게 시간을 보내고 싶다. 사이판에서 내가 가장 좋아하는 곳, 이곳이 많이 그리울 것이다.

　하이킹을 좋아한다면 새섬(Bird Island) 트레킹 코스와 올드맨 바이 더 씨(Old Man by the Sea) 트레킹 코스도 추천한다. 새섬 트레킹 코스는 새섬 전망대 가기 몇백 미터 앞에 있는 트레킹 표지판을 따라가면 된다. 올드맨 바이 더 씨도 구글 지도에 잘 표시되어 있다. 처음 가는 분들은 길을 잘 알고 있는 분들과 함께 가고 전화기 수신이 안 되는 지역이라 적어도 어른 3명 이상이 함께 가는 것이 안전하다.

Bird Island 가는 길 트레킹

Old Man By the Sea

Jeffrey Beach에서의 낚시

 부활절에 교회에서 에그헌트까지 하고 집으로 돌아가는 길. 낚시를 가는 분이 계신데 같이 가지 않겠냐는 문자를 받았다. 마침 오후에 딱히 할 일도 없고 봄방학 기간인데 따라가 볼까?

 강한 햇빛과 바위로부터 피부를 보호해 줄 긴팔 긴바지 래시가드를 입고 선크림을 바른다. 비치 타올, 물, 간단한 간식 등을 배낭에 넣고 출발한다. 미들로드에서 악기상을 하시면서 정글 투어를 하시는 사장님을 따라가는 것이다. 사장님 차에 짐을 싣고 보조석 바로 뒤에 앉았다. 앗! 깜짝이야! 내 앞 보조석에는 커다란 경비견이 더운지 혀를 길게 내밀고 헉헉거리며 침을 뚝뚝 흘리고 있다. 송곳니가 참 길기도 하다. 머리가 제법 큰 사냥개 같았는데 사납기로 유명한 경비견이라고 한다. 한번 문 것은 절대로 놓지 않는다고. 감히 쓰다듬어 줄 수 없는 비주얼이었다. 이런 개가 쫓아온다면 얼마나 무서울까? 다행히 나를 적으로 생각하지 않고 주인님의 친구로 여기는 것 같다.

우리가 간 곳은 제프리 비치다. 아이들이 사장님께 어디로 가냐고 물으니 악어 낚시를 하러 간다고 하셨다. 그곳엔 정말 악어가 있다. 진짜 악어가 아니라 해변가 절벽이 마치 악어의 모습처럼 생겼다. 정글 같이 울퉁불퉁하고 나뭇가지가 길을 가로막는 곳을 지나 차를 주차하고 해변으로 걸어갔다. 낚시를 여기서 하고 분명 바비큐를 하자고 하셨는데 어디서 바비큐를 하지? 물이 어느 정도 빠졌다고는 하지만 바람도 파도도 거센 날이다.

바다로 걸어 들어가 해안절벽 쪽으로 가니 바위와 바위 틈으로 제법 모래도 있는 천연 요새 같은 아늑한 장소가 나온다. 이곳이 오늘의 아지트구나. 이렇게 걸어오니 배가 고프다. 점심으로 먹을 바비큐를 함께 준비한다. 숯을 가져오지 않아 나무를 직접 구하기로 했다. 짐을 놓고 해변으로 나가 쓰러져 있는 나뭇가지들을 모아 왔다. 토치로 불을 붙이고 불이 나무에 충분히 옮겨 붙을 시간을 준다. 그 위에 석쇠를 올리고 나뭇가지와 돌멩이들로 균형을 맞춘다. 지글지글 쇠고기를 구웠다. 사장님은 통삼겹살을 양념해서 호일에 감싸서 가져오셨다. 호일에 감싸진 커다란 통삼겹살을 오래도록 석쇠에서 구웠다. 그동안 맛있게 익은 쇠고기를 먹고 삼겹살도 먹었다. 아이들이 정신없이 먹는다. 세상에! 이렇게 아름다운 곳에서 먹으면 뭘 먹어도 맛있을 텐데 하물며 스테이크와 삼겹살이라니.

고기가 익어 가는 동안 사장님은 낚시를 하러 가셨다. 금세 몇 마리를 잡아 오셨다. 잡아 온 물고기를 바로 손질해서 석쇠 위에 올렸다. 바로 낚은 생선을 요리해서 먹다니 오늘만은 김병만이 부럽지 않은 럭셔리한 「정글의 법칙」 같은 날이다.

사장님의 무섭게 생긴 반려견 마니는 시간이 지나다 보니 어느새 사랑스럽게 느껴졌다. 고기를 구우면 먹고 싶어서 하염없이 바라보며 꼬리를 세차게 흔든다. 마니를 위해서도 고기를 식혀서 주었다. 과감하게 손으로 고기를 주며 제발 내 손은 먹지 말아 줘! 하였다. 다행히 마니는 음식만 쏙쏙 잘 받아먹는다. 바비큐 하는데 옆에서 땅을 파서 우리에게 혼나기도 하였다. 사장님을 해바라기처럼 바라보고 졸졸 쫓아다니는 마니가 귀엽다. 주인에 대한 충성심이 정말 높다. 남에게는 무섭지만 나에게는 귀여운 반려견이 있다면 언제나 날 지켜 주겠지? 혼자일 때는 외롭지 않을 테고. 마당만 있다면 개를 키워 보고 싶다는 생각이 들었다. 갑자기 사고가 있었

제프리 비치에서 직접 잡은 생선 굽기

다. 다른 집 아이가 낚시하는 걸 보겠다고 둘째가 따라 나섰는데 그만 낚싯줄에 팔 피부가 걸린 것이다. 멀리서 비명 소리가 나서 장난을 치고 있나 했는데 낚싯바늘이 걸린 채 아이가 사장님과 다른 집 아이 엄마와 함께 왔다. 사장님이 조심스럽게 바늘을 빼 주셨는데 아이는 용케도 아프고 무서운 순간을 잘 견뎌 내었다. 팔에는 작은 상처가 생겼다. 사장님은 낚시를 할 때는 주변을 살피고 사람이 없는 것을 확인하고 낚싯줄을 던져야 한다고 단단히 잔소리를 하셨다. 어른들도 많이 놀랐다. 나도 많이 놀랐지만 내가 호들갑을 피우면 아이가 공포에 질

마니는 무서운 경비견이지만 친한 사람에게는 무척 순하다.

제프리 비치에서의 낚시

릴 것 같아 태연한 척하였다. 낚싯바늘을 빼고 나서야 괜찮냐며 안아 주었다. 이만하길 정말 다행이었다. 혹시라도 낚싯바늘이 얼굴이나 다른 곳을 향했다면 전화기 신호도 안 잡히는 이곳에서 어쩔 뻔했을까. 아이들을 잘 봐야 하는데 그렇지 못한 나에게도 화가 났다. 사고는 갑자기 일어나는 법이라 아이들과 생활할 때는 늘 살펴보고 조심해야겠다는 생각이 들었다.

사장님이 낚시를 하는 동안 주변 해안을 둘러보았다. 소라 같은 다양한 바다 생물들이 있었다. 특히 초록색 톳같이 생긴 해조류가 바위에 많았는데 누르면 툭 터져서 아이들이 재밌어했다. 물이 고인 웅덩이에서 놀고 바다 생물도 수집하고 산책을 하다 보니 어느덧 늦은 오후가 되었다. 시간이 언제 이렇게 지났는지 시계를 보고 깜짝 놀랐다. 6시가 다 되어 가고 있었다. 일찍 어둑해질 텐데 더 어두워지기 전에 차를 돌려야 한다. 서둘러 정리를 하고 짐을 챙겨 차를 탔다. 오는 동안 해가 지고 있었다.

아이들과도 재밌게 얘기해 주시고 낚시 여행에 초대해 주신 사장님께 너무 감사했다. 마니야, 또 보자! 잊지 못할 좋은 추억을 만든 하루였다.

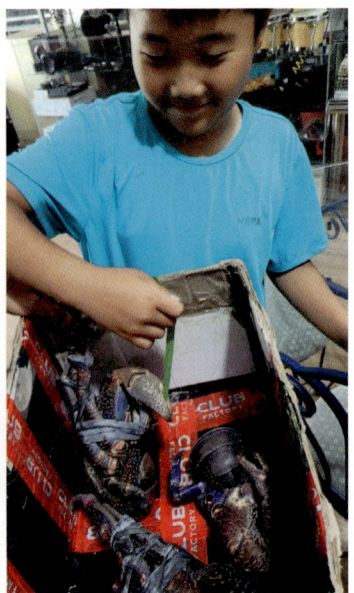

현지인들은 토요시장 앞 부둣가에서 밤낚시를 많이 한다.

사이판에서 잡은 코코넛 크랩

photo by 박지주

American Memorial Park

아메리칸 메모리얼 파크는 제2차 세계대전 때 희생한 미군들을 기리는 곳이다. 비치로드의 마지막 가라판이 끝나는 곳에 있다. 규모가 상당히 큰 공원인데 아름답게 조성이 잘되어 있다. 메모리얼 파크 입구에는 전시관이 있다.

그곳에서 전시된 사진과 유품들을 구경하고 10분짜리 영상을 관람

할 수 있다. 영상은 제2차 세계대전 당시의 사이판에 대한 역사를 안내해 준다. 한국어와 영어로 관람이 가능하다.

이곳에 와서 사이판을 바라보는 눈이 달라졌다. 아름다운 태평양의 섬 휴양지로만 알고 있었는데 실은 이곳은 제2차 세계대전 당시 일본과 미군이 마지막까지 치열하게 전쟁을 치른 곳이었다. 많은 미군과 일본인들이 희생되었다. 원주민들도 어렵고 고통스러운 시간을 보냈다. 무엇보다도 많은 한국인들이 이곳에서 고향을 그리워하며 돌아가셨다는 점이 너무 마음 아팠다. 그분들 대부분 일본 식민지 시절에 사탕수수 농장으로 끌려와서 강제 노동을 하셨던 분들이다. 이렇게 아름다운 곳에 이렇게 슬프고도 아픈 역사가 숨겨져 있다는 사실이 모순처럼 느껴진다.

전시관에는 한국인 강제 노동과 차별 등에 대해서도 소개되고 있다. 우리보다 앞선 세대들은 전쟁과 일제강점기를 거치며 너무나 힘난한 시간을 보냈다. 목숨이 위태로운 순간, 가족들의 고통을 지켜보며 보낸 세월들이 얼마나 고통스러웠을까? 상상하기 힘들다. 전쟁으로 얻을 수 있는 것은 없다. 모두에게 큰 피해가 될 뿐이다. 전쟁으로 인한 피해가 더 이상은 없도록 평화를 위해 노력해야겠다.

American Memorial Park 내부 전시관

American Memorial Park 하늘에 뜬 무지개

Banzai Cliff Monument, Bird Island Overlook(만세 절벽과 새섬 전망대)

만세절벽으로 가는 길은 운전할 맛이 나는 멋진 드라이브 코스다. 차가 많지 않은 구부러진 길이 지평선 너머로 펼쳐져 있다. 한편은 하늘과 하나가 되어 버린 푸른빛 넘실대는 바다. 다른 한편은 깎아지른 듯한 커다란 바위산이 펼쳐져 있다. 가끔씩 보이는 plumeria, flame tree 꽃나무들도 너무 황홀해서 차를 멈추게 한다. 자꾸만 차를 멈추고 밖으로 나가 사진을 찍지만 사진으로는 담기지 않는 멋진 풍경을 몹시 아쉬워하게 된다. '볼 빨간 사춘기'의 노래 「여행」 뮤직 비디오를 보면 배경 장소로 등장하는 곳이 사이판이고 만세절벽에 가는 아름다운 드라이브 길이 많이 나와서 그 뮤직비디오를 무척 좋아한다.

만세절벽 가는 길에 우연찮게 '한국인 위령탑(Saipan Peace Memorial)'을 보았다. 생각보다 관리가 잘되어 있었다. 5천 명이 넘는 한국인이 강제 노동으로 이곳에 와서 제2차 세계대전 중에 돌아가셨다니 고향이 얼마나 그리웠을까 마음이 아프다. 다시는 이런 아픔이 없어야겠다. 아이들과 잠시나마 눈을 감고 고개를 숙이며 돌아가신 분들에 대해서 묵념하였다. '지금 있는 그곳에서는 편안하고 행복하세요. 다음 세대가 이런 아픔을 겪지 않도록 도와주세요.'

한국인 위령탑 옆으로는 '일본군 최후 사령부(Last Japanese Command Post)'가 있다. 이곳은 부모님과 동생 가족과 함께 방문했다. 전쟁 때 쓰인 탱크와 대포가 망가지고 녹이 슬어 버린 채 공원에 스산하게 전시되어 있다. 계단을 오르면 동굴이 있는데 그 동굴 안이 일본군의 마지막 사령부다. 뱀이라도 나올 듯 침침하고 어둑한 곳에서 밝지 않은 마지막 운명을 기다렸던 것이다. 마지막까지 전투를 벌인 많은 일본 군인들과 민간인들은 결국 절벽에서 떨어져 생을 마감하였다. 미군에게 잡히면 고문을 당하고 죽음보다 못한 대우를 받을 거라는 소문이 퍼졌다. 이 악질적인 소문은 누가 냈는지 모르지만 아마도 마지막까지 몸부림치듯 싸워 주길 바라

한국인 위령탑

는 누군가가 일부러 내지 않았을까 하는 생각이 든다. 이 소문이 많은 사람들을 절벽 아래로 내몰았다.

  만세절벽에 갔다. 저 멀리 절벽이 보이고 파란 파도가 끊임없이 밀려왔다. 자연의 위대함을 느낄 수 있었다. 그리고 나서 새섬으로 가는데 갑자기 내비게이션도 안 되고 이동통신도 끊겨서 너무 당황스러웠다. 작은 사이판에서 어떻게 통신이 안 되는 곳이 있는지 의문스러웠다. 땀을 삐질삐질 흘리며 표지판을 보며 어찌저찌 새섬에 도착했다. 저 멀리 작은 섬이 보이고 새들이 많이 날아올랐다. 사람의 손길이 닿지 않는 새들의 천국과도 같았다. 광대한 아름다움 속에서 시원한 바닷바람을 쐬었다. 한 노부부가 아픈 새를 데리고 오는 것을 보았다. 아픈 새를 도와줘서 다시 날 수 있게 해 주신단다. 마음이

새섬 전망대

일본인 최후 사령부

따뜻한 분들이다.

 내비게이션이 되지 않아서 표지판을 보며 다시 돌아 나왔다. 어찌나 진땀이 나던지 외딴 곳에서 길을 잃으면 어쩌나 했다. 다행히 원래 왔던 길로 돌아왔고 저 멀리 퀜싱턴 호텔이 보이기 시작했다. 안심이다!

불꽃을 연상시키는 꽃나무 flame tree

월드리조트 워터파크

 아이들을 데리고 월드리조트 워터파크에 가는 날이면 무섭기까지 하다. 아이들은 개장 시간에 맞춰 가고 싶어 하고 폐장 시간에 집에 오고 싶어 한다. 한낮 땡볕에서 어떻게 생존해야 할지 걱정이다.

 이번에도 10시쯤에 입장해서 5시쯤에 퇴장했으니 거의 7시간은 놀았다. 점심은 월드리조트 내 명가 뷔페에서 먹었다. 한식을 테마로 한 뷔페인데 오랜만에 한국 음식을 먹으니 너무 좋았다.

워터파크를 한 바퀴 휘감는 유수 풀도 있고 어린아이들을 위한 유아 풀도 있다. 유아 풀에서 귀여운 슬라이드를 재밌게 타기도 하고 물이 한 바가지씩 하늘에서 떨어지는 것도 시원하다. 풀장에서는 그동안 수영 강습으로 연마한 4가지 영법을 연습하는 시간을 가졌다. 너무 오랜만이라 몸이 뻣뻣하고 힘들다. 아이들은 나를 이끌고 슬라이드를 타러 갔다. 무서운 놀이기구는 정말 싫어하는데 아이들이 혼자서는 불안하다며 굳이 나를 끌고 간다.

처음에 탄 것은 블랙홀이다. 블랙홀은 뱅글뱅글 돌다가 뚝~ 떨어질 때가 재미있다고 한다. 나는 누가 나를 여기서 좀 꺼내 줬으면 싶었다. 뚝 떨어질 때가 워낙 스릴이 넘쳐서 아직까지도 그 기분을 잊을 수 없다. 그리고 물속 저 깊이 쑥 들어갔다가 부력으로 떠올랐다. 세상에나! 이렇게 깊은 줄 몰랐다. 이렇게 깊은 줄도 모르고 겁 없이 구명조끼도 하지 않았는데 말이다. 다행히 허우적대는 나를 구조요원이 구조해 주었다. 물도 많이 먹고 정신이 혼미해진 상태로 밖으로 나왔다. 블랙홀은 그 이후로 다시는 타지 않았다.

나처럼 겁이 많은 사람은 파란색 슬라이드를 추천한다. 파란색 슬라이드는 적당히 무서우면서도 심하지 않을 정도의 스릴이 있어 재밌게 여러 번 탔다. 단, 고개를 들고 타다 보니 목이 좀 아팠다. 그리고 도착 지점에서 물을 먹지 않도록 조심해야 한다. 얼굴로 물이 확 덮친다.

노란색 슬라이드는 둘이서 타는 건데 내가 타기 싫어서 아이들 두 명만 태워 보냈다. 그런데 문제가 생겼다. 중간에 튜브가 멈춰 버린 것이다. 아이들 몸무게가 충분하지 않았나 보다. 튜브가 최고점까지 올라간 후 떨어지는 힘으로 움직이는 건데 최고점 부근까지 올라가고 멈춰 버린 것이다. 세상에 이런 일이! 너무 무서웠다. 이렇게 해서 사고가 나는구나 싶었다. 안전요원이 중간에 들어가서 옆 계단을 이용해서 아이들을 데리고 나왔다. 무척 높은 곳에서 걸어서 내려오는데 아이들이 혹시 다칠까 봐 애간장이 탔다.

무사히 아이들이 탈출했다. 얼마나 다행인지. 겁이 나서 아이들만 올려 보낸 나 자신을 나무라며 무서운 놀이기구도 아이들과 열심히 타야겠다고 결심했다. 결국 나와 둘째가 다시 타게 되었는데 어찌나 빠르게 내려가는지 스릴이 지나쳐서 머리가 아플 지경이었다. 재미있었지만 무서웠고 한 번으로 족했다. 하지만 너무나 신나서 한 번으로 만족이 안 되는 둘째 덕분에 세 번을 더 타고야 말았다.

아이들은 놀랍게도 그 땡볕에서 쉴 틈도 없이 쭉 놀았다. 늙은 어미는 2시 정도가 되자 지쳐서 파라솔 아래에서 곯아떨어졌다. 아이들이 너무 신나 얼굴에서 웃음이 떠나지 않는 걸 보니 그걸로 대만족이다.

나에게는 남편과의 즐거운 추억이 있어서 더 기분 좋은 곳이다. 남편은 물놀이를 좋아하지 않는다. 보라카이에서도 팔라완에서도 그리고 여기 사이판에서도 수영은 하지 않았다. 아름다운 바다가 오라 오라 하여도 꿈쩍도 하지 않는다. 물속에 들어오는 것은 정말 아주 가끔 볼 수 있는 진귀한 풍경이다. 이유는 단 하나 물이 차갑다는 것이다.

월드리조트에서 가족과 함께 1박 2일 묵은 적이 있다. 첫째 날에 남편은 아이들 노는 것만 멀찌감치 바라보더니 둘째 날은 떠나기 전에 잠깐 물놀이를 하겠다는 것이다. 우리는 유수 풀에 들어갔다. 남편을 튜브에 앉히고 나는 튜브를 붙잡고 흐르는 물에 우리를 맡겼다. 튜브가 물의 흐름과 방향에 따라 제멋대로 움직이자 발버둥을 치며 재밌어한다.

  남편은 가장으로서, 직장인으로서 책임감과 부담감으로 마음 편히 웃을 수도 없는데 이렇게 아이처럼 밝게 웃는 모습을 보니 기분이 좋다. 지금만큼은 다시 어린 시절로 돌아가서 아무 걱정 없이 신나게 놀 수 있어서 좋다. 나는 유수 풀에서 아마존강 투어라며 남편 튜브를 밀며 안내하였다. 옆쪽으로 보이는 아파트를 바라보며 아마존도 옛날 같지 않고 개발되어 아파트가 들어서고 있다는 농담을 던지니 남편이 어이없이 웃는다. 갑자기 나타난 석상을 보며 아마존 원주민들이 만든 고대 유적지라고 싱긋 웃으며 안내하였다.

  물길이 두 갈래로 나눠졌다 합쳐지는 곳이 있다. 그 앞에서 서로의 튜브를 놓고 우리의 운명은 과연 갈라질 것인지 아니면 함께 갈 것인지 말하였다. 물의 흐름을 보아하니 남편과 나는 서로 갈라져서 가게 될 것 같았다. 남편은 갑자기 열심히 노를 젓더니 내가 가는 곳으로 따라온다. 우리는 함께해야 한다며 말이다. 운명을 거스르고 어쩔 수 없이 함께 같은 물길로 나아간다. 잠깐이지만 모든 시름을 내려놓고 남편과 깔깔 웃으며 재밌는 시간을 보냈다.

PIC 리조트 워터파크

월드리조트 워터파크와 함께 사이판 양대 산맥 워터파크가 PIC이다. 두 워터파크 모두 유아부터 청소년 아이들까지 모두 좋아한다. 어떤 곳을 선택하더라도 아이들이 만족스럽게 놀 수 있다. 하지만 굳이 연령별로 나눠 보자면 유아부터 초등학생 자녀라면 월드리조트에서 더 재밌게 놀 수 있고 청소년이라면 PIC가 더 나을 것이다. 월드리조트에는 어린이 풀장이 있는데 놀이터처럼 꾸며 놓아서 재밌어하고 파도 풀과 유수 풀이 보다 어린이들에게 잘 맞는다. 청소년이라면 사이판에서 가장 무섭다는 PIC 빨간색 슬라이드도 타고 공놀이도 할 수 있어 PIC를 좋아할 것이다. 파도타기를 할 수 있는 곳도 있는데 아이들이 무척 좋아한다. 파도타기 기술은 즉석에서 클럽 메이트가 시범을 보여 주며 가르쳐 주기도 한다.

PIC 워터파크는 규모가 상당히 커서 관광객도 많지만 현지인들이 자녀들과 많이 찾는 곳이다. 이곳에는 다른 곳에 없는 레인이 있는 풀장이 있다. 수영 연습을 하고 싶은 사람에게 좋은 장소이다. 가끔씩 사이판의 수영 클럽 학생들이 강습을 받기 위해 이곳으로 오기도 한다.

이곳 PIC의 가장 큰 장점 중 하나는 클럽 메이트들이 즐겁게 아이들과 놀아 주고 친절하다는 것이다. 아이들과 함께 게임을 하기도 하고 기분 좋게 물도 튀겨 주고 한국말로 한마디씩 농담도 해 주신다. 많이 까매진 우리 아이들을 보면서는 "너는 원주민이야!"라고 많이 놀렸다.

PIC는 현지인들을 대상으로 얼리 체크인 레이트 체크아웃(early check-in late check-out) 행사를 많이 진행한다. 그럴 때 PIC에 묵으면 아이들이 이틀 동안 하루 종일 물놀이를 할 수 있어서 즐거워한다. 물론 부모들은 무척 지치지만 말이다.

별빛 투어

사이판 한 달 살기를 왔을 때 열심히 인터넷을 뒤지며 어떤 관광을 할 것인지 계획을 세웠었다. 사람들이 가장 많이 추천하는 투어가 별빛 투어였다. 다른 것은 몰라도 이것만큼은 꼭 해야겠다고 생각했다. 사이판에 와서 별빛 투어를 예약했는데 우기 기간이어서 그런지 밤에 날씨가 계속 좋지 않았다. 더 이상 미룰 수가 없어서 날씨가 아주 좋다고는 볼 수 없지만 비는 오지 않는 날 별빛 투어를 나갔다. 쉬고 있는 남편을 억지로 데리고 나가며 평생 잊을 수 없는 추억을 만들 거라고 호언장담을 했다.

여행사 버스는 여기저기서 관광객을 태우고 만세절벽으로 향했다. 여기를 개인적으로 온다는 분도 계신다던데 너무 어두워서 엄두가 나지 않는다. 만세절벽에서 환상적인 우주 쇼를 기대했지만 너무 기대를 많이 한 탓인지 실망도 크다. 날이 완전히 개지 않아서 별이 더 많이 보이지 않은 것도 있지만 이 정도면 한국의 시골 밤하늘에서도 충분히 볼 수 있는 정도라고 생각했다.

서울에서 살았지만 전라도 시골 마을에 살고 있는 할머니 집에 1년에 몇 차례 다녀왔었다. 그곳 마루에 누워 밤하늘을 바라보면 하늘에 밝은 별들이 촘촘히 박혀 있었다. 별빛들이 어두운 밤하늘을 환하게 비추고 내가 하늘에 둥둥 떠오르는 기분이었다. 책에서만 보던 북두칠성도 카시오페이아도 너무나도 선명한 모습으로 내 앞에 빛났다. 어린 나이였지만 너무 아름다워서 감탄했던 그 순간을 잊지 못한다. 그때의 추억을 되살리고 싶어서 신청한 투어였는데 내가 낭만 지수가 떨어지는 것인지 감흥이 생기지 않는다. 남편도 어렸을 때 시골에서 살아서일까 나와 비슷한 마음인 것 같다.

"평생 잊지 못할 추억? 후회 없는 투어?"

나를 비웃듯 바라본다. 나의 신뢰도가 하락하는 순간이다.

나중에 교민들에게 이 경험을 얘기하니 사이판 어디서든 날이 좋고 어두운 곳에서는 아름다운 별을 볼 수 있다고 하신다. 일부러 풍경이 멋진 만세절벽을 찾아갔지만 실은 어두워서 바다도 만세절벽도 전혀 보이지 않았다. 그래서 별을 보러 굳이 만세절벽까지 갈 필요는 없겠다는 생각이 든다.

하지만 도시에서만 자란 우리 아이들은 희미하게 보이는 별빛들을 보면서도 감탄사를 연발한다. 여행사에서는 음료도 맥주도 준비해 주시고 레이저 포인터로 별자리에 대해서 설명도 해 주셨다. 저 멀리 은

하수가 하늘을 가로지르는 것도 보여 주셨다.

　우리 은하에는 수천억 개의 별들이 있고 우주에는 그런 은하가 다시 천억 개 정도. 곱셈을 해 보면 정말 모래만큼이나 셀 수 없을 정도로 우주에 별이 많다. 우주의 기준으로 모래 같은 별 태양에 위성 행성인 지구. 그 지구에 옹기종기 살고 있는 우리들. 신비로운 우주를 생각하면 한없이 겸손해지기도 하고 한없이 용기가 솟기도 한다. 별자리 감상을 마치고선 은하수를 배경으로 특별한 가족사진도 찍어 주셨다. 우리들의 포즈는 정말 엉성하였지만 밤하늘의 별빛을 사진으로 선명하게 담아낸 추억 사진을 남길 수 있었다.

　아이들은 그날의 별빛 투어가 너무 좋았는지 우리만의 별빛 투어를 가 보자고 제안하였다. 우리가 좋아하는 샌안토니오 비치를 밤에 방문해 보고 싶다. 쏟아질 듯 반짝이는 별들을 보고 혹시 별똥별이라도 해변에서 보게 된다면 잊지 못할 추억이 될 것이다.

도마뱀아 집에서는 마주치지 말자

사이판에서 밤이 되면 도마뱀의 세상이 된다. 낮에 어디에 숨어 있다가 나타는 것인지 벽과 창문에서 유연하게 몸을 흔들며 지나간다. 중력의 법칙 따위는 무시한 채 천장에서도 빠른 속도로 몸을 숨긴다. 게코라고 불리는 이 도마뱀은 귀여운 몸매 때문에 사이판 기념품에서도 많이 볼 수 있다.

이 도마뱀을 밖에서 마주친다면 무척 귀엽겠지만 집 안에서 마주쳐도 마냥 귀여울까? 사이판의 가정집들은 싫든 좋든 도마뱀 몇 마리쯤은 애완동물로 어쩔 수 없이 키우는 것 같다. 우리 집에서도 가끔씩 마주치는 도마뱀들을 여차저차 잡아서 밖으로 내보내 주기도 하는데 어떤 녀석은 처음 마주치고 나서 한 번도 다시 본 적이 없어 다시 밖으로 나갔나 싶기도 하다.

도마뱀이 집에 있는지 없는지 여부는 실제 마주치지 않아도 알 수 있다. 중간중간 흔적으로 똥을 남기기 때문이다. 침대 머리맡에서 식탁 밑에서 흔적을 발견할 때마다 스트레스 지수가 올라간다. 심지어는 시간이 지날수록 그 흔적이 커지는 것을 보며 잘 자라고 있다는 것을 알 수 있다.

몇 달이 지나 엄청 커진(그래 봤자 10㎝도 되지 않지만 심리적으로 너무 크다.) 도마뱀과 처절한 사투를 벌인 적도 있다. 이리저리 재빠르게 점프하고 숨고 도망치는 도마뱀을 결국 잡았다. 도마뱀은 꼬리를 부상 입었다. 간신히 베란다로 내보내 주었는데 꼬리를 자른 부상으로 쉽게 달아나지 못한다. 남겨진 꼬리는 주인을 그리워하는 듯 계속 꿈틀거린다.

한번은 도마뱀이 옷장 뒤로 숨었는데 그 녀석이 나오면 잡을 요량으로 1시간 넘게 불을 끄고 기다린 적도 있었다. 결국 나오지 않아서 이 아이를 가둬 놔야겠다는 생각이 들었다. 오기도 생겼지만 도마뱀이 내가 자는 동안 방에서 돌아다닐 생각을 하니 끔찍했다. 넓은 테이프로 옷장 주변의 틈새를 막기 시작했다. 그러다가 내가 하는 행동에 대해 너무 지나치지 않나 반성이 들었다. 사이판에 왔으면 이곳 환경에 적응해야지 이게 무슨 사이코 같은 행동인가! 새벽 2시쯤에 붙였던 테이프를 거둬 내고 떨리는 마음으로 불을 끄고 잠이 들었다. 그 도마뱀은 그 이후로 행방불명인데 밖으로 잘 탈출했기를 바란다.

한번 들어온 도마뱀은 잡기가 상당히 어렵다. 도마뱀의 성격은 두 부류인데 겁이 나면 얼음이 되는 도마뱀이 있다. 이런 부류는 그래도 잡을 수 있는 종류이다. 어떤 부류는 쏜살같이 도망가 버리는데 어어~ 하는 사이에 이미 숨어 버린다. 도마뱀을 잡을 수 있는 나만의 비법이 있다. 이 방법으로 꽤 많은 도마뱀을 밖으로 방생해 주었다. 바로 잠자리채이다.

어떤 엄마가 한국에 돌아가면서 잠자리채를 주고 갔다. 바다에서 가지고 놀았던 모양이다. 이 잠자리채를 어디에 쓸 수 있을까 하다가 도마뱀 잡을 때 쓰면 좋겠다는 생각이 들었다. 실제로 손으로 잡기는 무섭고 힘들지만 잠자리채로는 제법 잘 낚을 수 있다. 잠자리채로 가둔 후에는 또 다른 기술이 필요하다. 바닥이라면 책받침처럼 얇고 반듯한 것으로 바닥까지 가둔 다음에 밖으로 내보낸다. 이 방법은 도마뱀이 틈새로 빠져나갈 우려가 크다. 다음 방법은 도마뱀을 잠자리채 망 쪽으로 보낸 후에 빠져나가지 못하게 하고 밖으로 내보내는 것이다.

도마뱀이 집에 있다는 것은 도마뱀이 다닐 수 있는 틈새가 있다는 것이다. 도마뱀은 좁은 틈으로 들어가는 것을 좋아한다. 우리 집 같은 경우에는 에어컨 옆 벽에 구멍을 뚫은 곳으로 도마뱀이 자주 드나드는 것 같아서 그곳을 모기장 망을 구입한 후 뭉쳐서 구멍을 막았다. 그렇게 했더니 도마뱀의 수가 많이 줄었다. 창문의 문틈으로도 들어올 수 있으니 잘 살펴본 후 막아 주어야 한다.

사이판에 두꺼비도 많고 도마뱀도 많지만 한 가지 없는 파충류가 있다. 바로 뱀이다. 신기하게도 사이판은 뱀이 없는 섬이다. 그래서 수풀이 우거진 곳에서 하이킹을 할 때 안심이 된다. 만약 다른 우림 지역처럼 뱀이 많았다면 감히 하이킹은 꿈도 꾸지 못했을 것이다. 하지만 슈가덕 비치 부근에서 줄무늬 물뱀을 본 적이 있어 바다에서는 가끔 눈에 띄는 것 같다.

바퀴벌레야 다시는 마주치지 말자

바퀴벌레에 비하면 도마뱀은 아주 애교스럽다. 바퀴벌레는 유쾌하지 않은 주제라는 것을 알고 있다. 그래서 아마 사이판에서의 바퀴벌레 대처법 같은 글은 찾아 보기 어려울 것이다. 하지만 우리 엄마들에게 해충을 퇴치하는 문제는 아주 중요하다. 그래서 내가 겪은 일과 바퀴벌레를 예방하는 문제에 대해서 적어 보려고 한다.

원래도 바퀴벌레는 너무너무 싫어하는데 이곳 바퀴벌레에 비하면 한국의 집바퀴는 귀여운 수준이다. 크기가 어마어마해서 몸통이 엄지손가락만 하기 때문이다. 이 바퀴벌레는 깜짝 놀래켜 주는 것을 워낙 좋아하다 보니 "서프라이즈"를 외치듯 등장한다. 볼 때마다 심장이 쿵 하며 깜짝 내려앉는다.

밤이 되면 도마뱀의 세상이지만 더 어두운 곳에서는 바퀴벌레의 세상이 되기도 한다. 더운 날씨 탓에 주택가 쪽은 바퀴벌레가 상당히 많은 편이라고 생각하면 된다. 새들도 도마뱀도 거들떠보지 않기 때문일까. 급속도로 번식하는 것 같다. 바퀴벌레 문제는 정말 어느 한 곳의 문제는 아니다. 모든 사이판 주택가가 겪는 문제다. 다행히 내가 묵는 숙소는 한 달에 한 번 소독을 해서 그나마 많이 눈에 띄지 않는다. 하지만 베란다 쪽은 주택가 쪽과 만나는 곳이다 보니 밤에는 건물 벽을 많이 기어 다니는 것 같다.

처음 소독을 받은 날 당분간은 안전하겠군, 안심했다. 그런데 그날 밤 부엌 창문에 떡하니 나타난 바선생을 보고 기겁하는 줄 알았다. 혼자서는 너무 무서워서 자고 있는 아이들을 깨웠다. 아이들은 도와주기는커녕 동영상을 촬영하기 시작했다. 나에게는 다행히 바퀴벌레 스프레이가 있다. 이런 날을 대비한 나의 준비 정신을 잠시 마음으로 칭찬했다. 제발 이 녀석이 심하게 발광하지 않기를 바라며 스프레이를 뿌렸다. 바닥으로 떨어져 기운 없이 도망치려는 녀석에게 다시 스프레이를 살포하였다. 전쟁이 끝나고 녀석을 처리하는 것은 둘째의 몫이다. 둘째는 다행히 곤충을 무서워하지 않는다. 도마뱀이나 곤충을 두려워하지 않는 둘째가 사이판에서 큰 힘이 될 때가 있다.

아이들은 이 동영상을 뉴스처럼 편집했다. "오늘 우리 집에 커다란 바퀴벌레가 나타나 엄마가 깜짝 놀랐다는 소식을 전해 드리겠습니다. ○○ 기자 연결하겠습니다." 정말 웃픈 영상을 보고 있으니 내가 스프레이를 들고 바들바들 떨고 있는 모습이 나온다. "오, 신이시여~ 쟤는 너무 큽니다."를 중얼거리며 말이다.

세상에서 제일 끔찍한 바퀴벌레로부터 우리 집을 보호하기로 하였다. 도마뱀을 막기 위해 사용했던 방충망을 이용해 화장실 환풍기, 부엌 환풍기 등을 테이프로 막았다. 창문 틈과 문틈은 틈새 테이프로 차단했다. 이렇게까지 했는데도 두 달에 한 번 정도 부엌에서 자꾸 마주쳤다. 어디에 틈새가 있나 봤더니 부엌 창문 하나가 덜컹거리며 제대로 닫히지 않아 틈이 조금 있었던 것이다. 그곳을 방충망을 뭉쳐서 막고 창문을 닫았다. 그 뒤로는 정말 바퀴벌레가 눈에 띄지 않아 그 틈새에서 유입되었다는 걸 알게 되었다.

바퀴벌레를 마주치고 싶지 않으면 밖에서 집 안으로 유입되는 틈새를 잘 막아야 한다. 냄새를 잘 맡아서 특히 부엌 쓰레기통 주변 틈새로 들어올 수 있으니 주변을 잘 살핀다. 그래도 들어오는 바퀴벌레를 대비해서 바퀴벌레 약을 작은 트랩에 조금씩 담아서 창문 근처나 틈새 몇 군데에 설치한다. 나는 한국에서 미리 맥스포스 바퀴벌레 약과 트랩, 틈새 테이프를 사서 왔다. 돌돌 말려 있는 방충망은 수수페 조텐쇼핑센터 옆 'ABC하드웨어'에서 판매하는데 길이대로 가격을 받는다.

바퀴벌레는 집에서만 '서프라이즈' 하지 않고 차에서도 이따금 할 때가 있다. 아는 분은 아이들이 과자를 먹고 잠깐 차에 놔뒀다가 마트에 들렀다고 한다. 다시 차에 돌아와 과자를 먹으려고 봤더니 그 안에 바퀴벌레가 있어서 깜짝 놀라 차 밖으로 던졌다고 한다. 또 어떤 분은 운전하다가 차에서 발견되어서 차를 급하게 주차시켰다고 한다. 안타깝게도 차가 워낙 숨을 곳이 많다 보니 다시 발견하지 못했다. 그 상태로 운전하는 것이 너무 찝찝했을 것 같다.

나도 몇 번 차에서 마주쳤는데 다행히 작은 바퀴벌레들이었다. 삼각김밥 포장한 것을 비닐에 넣은 채 잠시 차에 두었었다. 차를 주차하고 비닐째 들고 집으로 오고 있었는데 비닐 안에 바퀴벌레도 같이 있어서 깜짝 놀랐다. 바퀴벌레는 음식 냄새를 귀신같이 잘도 맡는다.

차의 특성상 외부와도 연결되어 있기 때문에 음식을 차에 두고 내리면 안 된다. 아이들에게 되도록 과자도 차에서 먹게 하지 않는다. 그리고 한번 바퀴벌레가 발견되면 바퀴벌레 스프레이를 차 바닥 위주로 뿌리고 잠시 차 문을 닫아 놓은 후 환기를 충분히 시키는 방법도 있다. 어떤 분은 연막식 바퀴벌레 약을 차에 살포한 적이 있다고 들었다. 차에서는 주차 시 늘 창문을 잘 닫아 두고 음식을 차에 두지 않는 것만으로도 충분한 예방이 될 것이다.

개미야 그만 나가 줄래!

또 하나의 해충 개미! 개미가 얼마나 집요한 곤충인지 잡아도 잡아도 계속 나온다. 개미 한두 마리가 집에 보이기 시작하면 개미집에서 우리 집까지 개미들만의 고속도로가 놓여 있다고 생각하면 된다. 한두 마리가 꾸준히 보이기 시작하고 얼마 되지 않아 조그만 음식 주변을 개미 군대가 점거하게 된다.

몇 달 전부터 개미가 가끔 몇 마리씩 부엌에서 보이기 시작했지만 별로 대수롭지 않게 생각했다. 으레 사이판에는 개미가 많기 때문이다. 어느 날 도마에 사과를 썰고 설거지를 하지 않은 채 외출을 한 적이 있다. 다녀와 보니 도마는 개미들로 새까매져 있었다. 그다음 날은 개미가 거실까지 진출했는지 아이 도시락 가방 헝겊에 잔뜩 달라붙어 있었다. 음식이 있는 것도 아니고 단지 음식이 헝겊에 묻어 있을 뿐인데도 개미 군대의 행렬이 정말 길었다.

한국에서 개미 퇴치를 위해 '신기패'라는 분필을 사 왔다. 다시 한번 나의 준비정신에 박수를 보내며 매직 분필을 꺼냈다. 이 분필은 개미가 나타나는 곳에 그어 주기만 하면 되는데 사용한 것들 중에서 가장 효과가 좋았다. 스프레이 형태는 눈에 보이는 개미만 제거하고 짜는 형태의 약은 광범위하게 설치할 수가 없다. 분필은 길게 여러 곳에 그을 수가 있고 개미가 정말 분필이 있는 곳은 함부로 오지 못한다. 실수로 분필을 밟으면 그 개미의 운명도 끝이다.

그런데 이 분필의 단점이 있다면 실제 분필처럼 가루가 날린다는 것이다. 그래서 부엌에서 사용하지 못하고 미뤘던 것이다. 하지만 거실까지 침투한 개미를 보고 어쩔 수 없이 부엌 한구석을 모두 치운 채 분필로 개미가 다니는 곳을 하얗게 그어 주었다. 그리고 아래로 떨어진 분필들을 깨끗하게 정리한 후 부엌 살림살이를 제자리에 두었다.

그 후 개미는 눈에 띄지 않았다. 더 확실한 예방을 위해 숙소 정기 소독 하는 날 아저씨에게 개미 약을 부탁드렸다. 당분간은 개미 군대를 보지 않게 되어 기쁘다.

보통 개미들은 물지는 않는데 특정 종류의 붉은 개미가 사람을 문다. 이 붉은 개미는 주로 해변에서 많이 마주치는데 물었다는 것을 알 수 있을 정도로 제법 따끔하다. 다행히 모기가 문 것처럼 가렵거나 부풀지는 않는다.

사이판에 잠깐 살다 가는 우리들은 별 문제 없지만 현지인들과 현지 교민들이 가장 골치 아파하는 문제 중의 하나가 흰개미이다. 여기서는 termite라고 부르는데 날이 더워지면 날개 달린 개미들을 많이 보게 된다. 빛에 이끌리기 때문에 밤에 집 안으로 많이 유입되기도 한다. 이 흰개미가 나무에 한번 자리 잡으면 방충제를 아무리 사용해도 퇴치하기가 어렵다. 온갖 가구와 문 안쪽으로 침투하여 안에서 나무를 계속 갉아먹기 시작한다. 집을 지을 때 나무를 사용하는 경우가 많기 때문에 나무로 지은 가구 같은 경우에는 흰개미가 한번 발생하면 속수

무책이다. 그래서 나무는 약을 한 번 바르고 나서 사용하는데 시간이 지나면 칠이 벗겨지기 때문에 100퍼센트 차단을 막을 수는 없다고 한다.

　이 개미가 가구에 침투에 있다는 것은 그 흔적을 보고 알 수 있다. 보통 그 주변 가구 아래에 갈색 알갱이들이 수북이 쌓여 있다. 흰개미가 생긴 가구는 되도록 사용하지 않는 것이 좋다. 다른 가구까지 흰개미가 전파되기 때문이다. 교체가 어려울 경우에는 직사광선에 가구를 쪼이면 효과가 있다.

사이판 물 이야기

 사이판에서는 물값이 의외로 많이 들고 물 때문에 생활이 불편을 겪을 때가 많다. 물값으로 일주일에 20달러 정도는 사용하는 것 같다. 일주일에 갤런 통 물값 10달러 생수 물값 10달러 정도 말이다.
 사이판의 수돗물은 우리와 다르게 석회질 물이다. 생활용수로 쓰일 수 있지만 식수나 조리하는 용도로 쓸 수 없는 물이다. 석회질 물이라는 문제도 있지만 오래된 건물의 경우에는 녹물이 많이 나오는 편이라 녹물 제거 필터는 필수이다. 필터를 사용하면 며칠 지나지 않아 필터가 빠르게 갈색으로 바뀌는 것을 알 수 있다.
 이런 문제로 물을 사용할 때 많이 불편하다. 설거지할 때 마지막에 헹구는 물 그리고 조리하는 데 필요한 물이 많이 필요하기 때문에 보통 정수된 물이 담긴 큰 갤런 통을 주문한다. 위너스 레지던스, 퍼시픽 팜, 스탠포드의 경우 오피스에서 그때그때 주문할 수 있다. 아낙스 빌의 경우 정수된 물이 수도꼭지를 통해 나오므로 갤런 물이 특별히 필요하지 않다. 일반 가정집에서 살 경우에는 정수 회사에서 정기적으로 물을 배달받는다. 갤런 물통 하나에 보통 3달러 정도 한다. 나의 경우 일주일에 3통 정도를 사용하는 것 같다.
 설거지할 때 매번 갤런 물로 헹군다면 물도 낭비이고 돈도 낭비이다. 나의 경우에는 설거지할 때 스텐리스 믹싱 볼(비슷한 크기의 어떤 통도 괜찮다.)에 갤런 물을 담아 둔다. 일반 수돗물을 이용해 설거지를 모두 끝낸 후에 그릇을 믹싱 볼에 담긴 갤런 물에 한 번 헹군 후 식기 건조대에 뒤집어 놓는다. 즉 한 번 담아 놓은 물로 모든 그릇을 한 번씩 헹구는 것이다. 헹구기 전에 수돗물을 어느 정도 털어 낸다. 이 정도만 해도 석회물질을 제거하는 데 효과적이다.

  목이 마를 때 마시는 물은 보통 두 가지 방법으로 해결한다. 보리차를 좋아하는 집은 갤런 물을 끓여서 보리차를 만든다. 생수를 좋아하거나 생수가 편한 집은 2L 생수를 사 놓고 마신다. 우리 집의 경우에는 생수를 사다 마셨다. 그래서 매번 장을 볼 때마다 생수를 쟁여 놓는 것이 중요한 임무였다. 장 볼 때마다 생수를 차에서 2층 집으로 옮기느라 팔이랑 허리가 아플 지경이다. 무거운 생수를 매번 사는 것이 부담스럽다면 보리차를 끓여 마시는 것을 추천하고 싶다.

사이판의 팁 문화

　사이판을 여행 오기 전에 사이판의 팁 문화가 너무 궁금했었다. 음식점에서 보통 팁을 내는 것인지 팁을 낸다면 얼마나 내야 하는 것인지 그리고 팁은 어디에 두고 와야 하는지 말이다. 한국은 팁 문화가 없기 때문에 외국에 나가면 팁을 어떻게 얼마나 줘야 하느냐가 참 마음을 불편하게 한다. 궁금해서 인터넷에서 찾아보면 속이 시원한 답이 없다. 가끔 팁을 후하게 주는 것이 좋다는 관광객들도 있다. 하지만 관광객이기 때문에 정확한 팁 문화를 잘 알지 못할 것 같다는 생각이다. 현지에 장기 체류 중인 분들 중에는 팁에 대해서 대답을 안 하시는데 그 이유를 알 것 같다. 무엇이 맞고 틀린지에 대한 명확한 답이 없기 때문이다. 팁을 주고 안 주고는 개인의 선택이다. 아래에 적는 팁에 대한 개인적인 생각도 다분히 주관적이다. 그저 한 사람의 생각 정도로 참고만 하면 좋겠다.

　체험을 통해서 내가 경험한 팁 문화는 이렇다. 일단 사이판은 미국 본토같이 팁을 반드시 줘야 하는 문화는 없다. 내가 미국과 캐나다에서 잠깐 지냈을 때 가장 이해가 안 되는 부분이 팁이었다. 음식점에 가면 식사 비용에 덧붙여서 내는 요금들이 많아진다. 세금이 10퍼센트에서 15퍼센트 거기에 팁을 다시 10퍼센트에서 20퍼센트 지불해야 한다. 실제 음식값보다 더 내야 하는 돈이 20퍼센트~30퍼센트인 것이다. 서빙하는 분들의 월급을 왜 사장이 충분히 주지 않고 손님에게 전가하는 것인지 억울한 마음마저 들었다. 외식을 하면 비용이 너무 많이 들어서 나중에는 푸드 코트를 주로 이용했던 기억이 난다.

사이판에서도 팁을 후하게 주는 사람들은 대부분 관광객이다. 현지인 분들도 관광객들에게는 어느 정도 팁을 바라기는 하지만 장기 체류 하는 현지인들이 팁을 줄 것이라고는 기대하지 않는다.

팁을 지불하는 경우에는 미국 본토처럼 테이블 위에 두는 것이 아니라 계산대에 있는 팁 박스에 넣는다. 음식이나 서비스가 훌륭하거나 아이들이 지저분하게 식사를 해서 뒤처리 때문에 미안한 경우 등 팁을 지불하고 싶을 때는 보통 5달러 이내의 적은 금액을 팁 박스에 넣는다. 나의 경우 3명에서 식사를 하면 한 명당 1달러 총 3달러 정도가 적절한 팁이라고 생각한다. 좀 더 많이 지불하고 싶다면 최대 5달러 정도가 될 것 같다.

처음 한 달 살기를 할 때는 음식점에 갈 때마다 음식값의 10퍼센트 이내에서 팁을 지불했다. 그런데 오랫동안 체류하게 되면서 이용하는 음식점을 단골로 다니게 되다 보니 팁을 낸다는 것이 어색하게 되었다. 이후부터는 자주 오는 것으로 팁을 대신한다 생각하고 따로 팁을 지불하지 않았다.

음식점이 아니더라도 팁을 지불하는 상황이 있다. 개인적으로 서비스를 받았을 경우이다. 예를 들면 마사지를 받을 경우 보통 팁을 지불한다. 5달러 정도가 적당할 것 같다. 개인 투어 가이드와 함께 몇 시간 동안 관광 안내를 받은 경우에도 보통 팁을 지불한다. 투어 인원에 따라 적절한 팁은 다르겠지만 10달러 정도가 적당하다고 생각한다.

 요점은 팁을 내지 않는 것에 대해서 음식점에서도 이상하게 받아들이지 않으므로 의무적으로 팁을 낼 필요는 없다. 하지만 만족스러운 서비스에 팁을 지불하고 싶다면 5달러 이내에서 지불해도 충분하다. 아참! 일부 고급 음식점들은 Service Charge 10퍼센트 요금이 함께 계산된 경우가 있다. 영수증을 보고 Service Charge 금액이 붙어 있다면 따로 팁을 지불할 필요가 없다. 패스트푸드 음식점이나 뷔페에서는 팁을 지불하지 않는다.

반 친구들의 초대

　아이들이 학교에 다니면서 정말 다행이었던 점은 한국 아이들뿐만 아니라 현지 아이들과도 많이 친해졌다는 것이다. 서로 문화가 다르고 언어의 장벽도 있었을 텐데 마음이 통하는 사이좋은 단짝 친구들이 있어서 그것만으로도 참 고마웠다. 둘째는 처음에 현지 아이들 속으로 파고들기 힘들어했다. 같이 놀자고 다가섰는데 외면당해서 상처받기도 했다. 하지만 다행히도 시간이 지나면서 모두 친하게 지낼 수 있었고 그 친구들의 선택을 받아 학급 임원도 될 수 있었다.

　학급 친구들이 초대를 해서 학교 밖에서 놀게 되었을 때 아이들은 너무 신이 났다. 나도 아이들이 낯선 곳에서 새로운 친구들과 잘 지내는 것 같아 안심이 되었다. 둘째는 친구들 생일잔치에 초대받은 적이 있다. 슬라임 카페에서 생일잔치를 했는데 함께 생일 축하를 하고 재미있게 슬라임 만들기도 했다. 그 후에는 한 친구가 반 여학생들 모두를 켄싱턴 호텔로 초대해서 수영장에서 같이 놀고 파자마 파티도 하였다. 너무 재밌게 놀다 보니 새벽에야 모두 잠들어서 다음 날은 하루 종일 잠만 잤다. 함께 학교 밖에서 하루를 보내며 더 많이 친해진 것 같았다. 호텔로 초대했던 그 친구는 핼러윈 때도 집으로 친구들을 초대해서 정말 왁자지껄한 핼러윈을 보내기도 했다.

첫째의 사이판 현지 친구도 친한 친구들을 봄방학 시작할 때 모두 집으로 초대한 적이 있다. 첫째는 학교 밖에서 친구들을 만나는 것은 처음이라 며칠 전부터 들떠 있었다. 얘기를 들어 보니 집에서 숨바꼭질도 하고 이런저런 게임을 하며 재밌는 시간을 보냈다고 한다. 그리고 큰 아이들은 아이패드나 태블릿을 가져와서 서로 좋아하는 앱을 공유하면서 시간을 보낸다. 첫째는 기특하게도 현지인 친구들과 문화 차이를 극복하고 잘 지내는 것 같아 참 감사하다.

큰애와 같은 반이었던 중국인 형제가 생일을 맞아 생일잔치를 하고 다 함께 월드리조트에 간 적도 있었다. 남자아이들이랑 어떻게 놀아야 할지 모르겠다고 가야 하는지 고민하였다. 하지만 초대를 받았으니 일단 가 보자고 해서 선물을 준비해서 갔다. 다녀와서는 남자아이들과 잡기 놀이 등 게임을 많이 하였고 남자아이들과 노는 것도 참 재밌었다고 하였다.

또 한번은 교민 남자아이가 큰아이를 생일에 초대했다. 영어가 더 익숙한 아이라 큰 아이에게 초대하면서 이렇게 얘기했다고 한다.

"You are invited."

큰아이가 그래서 "For what?"이라고 물으니

"To my birthday party this Friday. You are the only girl."이라고 하였다. 그래서 큰아이가 많이 당황했다고 한다.

그 아이 엄마가 나와 알고 지내기 때문에 어쩔 수 없이 엄마의 압력으로 초대한 것 같았다. 첫째는 고민했지만 정말 가고 싶어 하는 눈치였다. 나중에 그 아이는 큰아이가 심심해할까 봐 여학생 한 명을 더 초대하였다. 아쿠아 리조트에서 생일잔치를 하고 수영장에서 신나게 놀았다. 덕분에 둘째까지도 덤으로 같이 놀 수 있었다. 선물은 꼭 가져오라는 그 아이가 직접 만든 생일 초대장이 너무 재밌었다. 우리 아이들을 초대해 주고 좋은 추억을 함께 만든 친구들에게 고맙다. 한국에 가서도 여기서 만난 소중한 친구들을 오래도록 잊지 못할 것 같다.

기러기 아빠의 대처법

　남편은 예전에 기러기 아빠들을 이해하지 못했고 자신은 절대 그런 결정은 하지 않겠다고 했다. 가족이 일단 떨어져 지내면 불화가 생기기 쉽다는 것이다. 외국에서 공부하는 아이들은 아빠가 한국에서 경제적으로 뒷받침하기 위해 얼마나 힘든 시간을 보내는지, 얼마나 외로운 시간을 보내는지 모른다는 것이다. 그런 것들을 모른 채 아이들은 자신들이 커 가는 과정을 보지 않았고 무심했다고 아빠를 탓한다는 것이다. 그런 본인이 기러기 아빠가 될 줄은 상상도 못 했을 것이다.

　지난 1년이 넘는 시간 동안 외국에서 육아와 집안일에 힘든 나보다 더 힘든 사람은 아마도 아이들 아빠였을 것이다. 아이들이 매일매일 얼마나 보고 싶을지 생각만 해도 마음이 무거워진다. 큰아이의 아토피가 잘 치료되길 바라는 마음으로 아이들을 그리워하는 마음을 이겨 내고 우리를 이 긴 시간 동안 사이판에서 지내도록 하였다.

　처음 사이판에 오게 된 것도, 1년이 넘는 시간 동안 사이판에 지내게 된 것도 아이들 아빠의 결정이 컸다. 원래 계획했던 1년이 다 되어 갈 무렵 빨리 우리들이 돌아오기만을 기다렸을 남편은 큰애가 더 확실하게 나아서 돌아오길 바라는 마음으로 사이판에 더 있어 줄 것을 부탁하였다.

아이들과 아빠의 먼 거리만큼 마음도 멀어지면 어쩌나 걱정했었는데 다행히 그런 일은 생기지 않았다. 사이판에 오기 전부터 워낙 가깝게 지내고 다정했던 사이였기 때문에 일시적으로 거리가 멀어졌다고 해서 서로 어색해지지 않았다.

오히려 아빠의 소중함을 알게 되었고 아빠를 많이 보고 싶어 하였다. 올해 아빠의 생일이 되자 아이들은 아빠의 생신 선물을 인터넷으로 주문해서 배송하였다. 첫째는 아빠가 외로울 것을 걱정해서 거대한 오리 인형을 보냈다. 외로울 때 꼭 안아 주라고 하면서 말이다. 둘째는 아빠가 정리를 잘 못해 방이 지저분해질 것을 걱정해서 작은 수납장을 선물로 보냈다. 아빠를 생각하는 마음이 애틋하단 걸 느낄 수 있었다.

다행히 사이판은 가까워서 아이들 아빠가 1달이나 2달에 한 번씩 다녀갈 수 있다. 너무 외로워서 더는 못 참겠다 싶을 때 짧게라도 다녀올 수 있는 거리이다. 그래서 더 잘 버틸 수 있었던 것 같다.

자주 소통하는 것도 필요하다. 남편과 아이들은 거의 매일 자기 전에 영상 통화를 한다. 긴 통화 내용은 아니지만 잠깐이나마 소소한 대화를 나누고 함께 웃고 장난도 친다. 멀리 떨어져 있지만 마음만은 곁에 있다는 것을 느낄 수 있다.

남편은 아이들에게 장난치는 것을 좋아하는데 사이판에 오는 것도 비밀로 하고 깜짝 방문을 하기도 한다. 나에게도 꼭 비밀을 지켜 줄 것을 부탁해서 참 난감하기도 하다. 맨 처음 사이판에 올 때는 바로 현관문밖에 대기하면서 아이들에게 전화를 했다. 아빠가 마법의 힘으로 순간 이동을 할 수 있게 되었는데 너희들의 도움이 필요하다며 마법 주문을 알려 주었다. 아이들이 아빠의 부탁으로 빙글빙글 돌며 신나게 요상한 마법 주문을 크게 외쳤고 남편은 문을 똑똑 노크하였다. 아빠의 깜짝 방문에 아이들은 환호성을 질렀다.

 최근에도 비슷한 방법으로 깜짝 방문을 하였다. 아이들이 방에 있는 동안 몰래 집으로 잠입한 후에 아이들 방문을 노크하였다. 아이가 문을 열려고 하니 문을 잡아당기며 열어 주지 않았다. 작은아이는 언니가 장난을 치는 줄 알고 화를 냈는데 문을 벌컥 열어 보니 아빠가 문 앞에 있었다. 정말 깜짝 놀라서 눈이 휘둥그레졌다. 남편은 중요한 미션이라도 성공한 듯 정말 기뻐하였다.

 사이판은 가까운 곳이다. 다행히 비수기에는 항공권도 저렴하다. 주말을 이용해서라도 한두 달에 한 번씩 아이들을 방문하고 가끔 가족이 너무 그리울 때 참지 말고 방문해 보자. 짧은 시간이라도 함께하면 아빠의 빈자리를 잘 메꿀 수 있다. 또한 가족과 함께하는 소중한 추억이라는 큰 자산을 얻을 수 있다. 자주 화상 통화를 하며 거리는 떨어져 있지만 서로의 일상이 되어 주자.

음악 선생님과의 추억

봄방학 때 있었던 감사한 일 중 하나는 음악 선생님이 첫째 아이를 비롯한 5학년 학생들 중 음악 동아리 활동을 함께하는 'Batman club'을 초대했다는 것이다. 목요일 세족식(예수님이 제자들과의 마지막 식사 전에 발을 씻어 주었던 의식)을 기념하는 식사를 아이들과 함께하고 싶어 하셨다.

선생님은 늘 수업도 많으시고 바쁘신데도 목요일 오후마다 음악을 좋아하는 5학년 아이들을 데리고 특별 수업을 해 주셨다. 정말 감사한 일이다. 처음에 초대에 응해야 하나 말아야 하나 고민했는데 첫째의 친구들도 간다고 해서 함께 가게 되었다. 선생님은 나까지도 초대하셨는데 아이들이 편하게 놀면 좋을 것 같아 가지 않았다.

이번이 선생님 집에 초대받은 걸로는 두 번째이다. 처음에는 교회 예배가 끝나고 집에 가고 있었는데 히치하이킹을 하듯이 우리를 차에 태우고 본인 집으로 데려가셨다. 갑작스러운 초대가 당황스러웠지만 현지인 집에 처음으로 초대받게 되어 너무 기뻤다. 선생님과 아이들 이야기, 음악 이야기, 다양한 이야기들을 안 되는 영어지만 즐겁게 나눴다. 집으로 돌아갈 때는 마치 친정 엄마처럼 음식을 잔뜩 싸 주셔서 며칠 동안 먹었던 기억이 난다.

이번에도 지난번 초대하셨을 때처럼 음식을 잔뜩 싸 주셨다. 음식들은 이스라엘 음식으로 예수님 시대에 먹었을 법한 것들이었다. 집에 와서 호기심이 생겨 선생님이 싸 주신 음식들을 맛보았다. 전병 같은 것에 새콤달콤한 흰색 소스를 바르고 양고기를 얹어서 먹었다. 상당히 이국적이고 새로운 맛이었다. 계피사과와 과일도 맛있게 먹었다.

선생님은 부활절을 사랑하는 아들과 보내고 싶어서 아들이 있는 한국으로 오늘 새벽에 가신다고 하셨다. 그런데 공항으로 가기 전에 예수님의 마지막 날을 기념하기 위해 타포차우산으로 산행을 하시겠다는 것이다. 밖은 이미 어두워졌는데 말이다. 걱정이 되어 말렸다. 공항에 갈 시간도 얼마 남지 않았고 새벽 비행기라 좀 쉬셨으면 했다. 선생님은 한 가지를 부탁하며 나와 헤어졌다. 산에 다녀오고 잘 돌아왔는지를 메시지로 보내시겠단다. 이게 도대체 무슨 의미인지 한참을 생각했다. 알고 보니 혼자 사시는 분이기 때문에 자신의 안위가 걱정이 되셨던 것이다. 도착했다는 메시지가 혹시 오지 않으면 자신에게 문제가 있으니 조치를 취해 달라는 부탁인 것이다. 혼자 사시는 분들은 이런 것까지 생각하시는구나. 솔직히 많이 놀랐다. 다행히 밤에 잘 돌아왔다는 메시지를 받았다.

사랑하는 아들들을 독립시키고 홀로 사이판에 지내고 있는 선생님을 바라보면 많은 생각이 든다. 언젠가는 우리 아이들도 넓은 세상으로 나아가 생활하게 될 것이다. 지금은 평생 내 옆에서 살겠다고 큰소리치지만 말이다. 아이들이 나를 떠나 새로운 인생을 살아갈 날들을 생각하면 벌써부터 마음이 외롭고 눈물이 난다. 하지만 선생님처럼 그렇게 아이들을 축복해 주며 보내 줘야겠지. 선생님께서 한국에서 행복한 시간을 보내고 오시면 좋겠다.

  그 이후에는 첫째 아이의 환송회를 겸해서 다시 한번 5학년 음악 동아리 학생들을 초대해 주셨다. 선생님은 쿠키와 빵을 정말 맛있게 구우시고 음식 만들기를 좋아하신다. 아이들이 평상시에 빵을 한번 구워 보고 싶다고 많이 얘기한 모양이다. 이번 초대에서는 아이들이 직접 빵을 구울 수 있도록 도와주셨다. 팀을 나눠 어느 팀 빵이 맛있는지 대결도 했다고 한다. 첫째는 직접 구운 초코컵케이크가 너무 맛있게 됐다고 자랑한다. 선생님은 한국에서 윷을 사 오셨는데 아이들을 위해 꺼내셨다. 첫째는 윷놀이 경기 규칙을 설명해 주고 심판을 봤다. 나머지 아이들이 팀을 나눠서 경기를 했는데 모두 정말 재밌는 시간을 보냈다고 한다. 아이들을 예뻐해 주시고 열정적으로 음악을 지도해 주시는 음악 선생님을 만나서 참 행운이다.

Ms. Ruthi 선생님과 추석에 함께한 식사

사이판살이 1주년 되는 날

　2024년 2월 5일 목요일이 사이판살이 1주년이었다. 바쁜 아이들의 일상을 쫓느라 1주년을 제대로 기념하지는 못했다. 감회가 새롭다. 사이판 1년 생활을 평가한다면 아주 만족한다.

　첫 번째로 아이의 아토피가 개선되기를 바라는 마음으로 왔는데 정말 많이 좋아져서 눈에 보이는 염증은 거의 없다. 아이가 긁지 않고 잘 자는 것만으로도 그동안 쓴 천문학적인(나의 기준) 돈이 아깝지 않다.

　두 번째로 아이들이 영어를 자연스럽게 사용할 수 있으면 했는데 1년 동안 눈부시게 발전하였다. 쉬운 의사소통 정도만 가능하고 영어를 쓰는 것은 전혀 하지 못하고 왔는데 지금은 제 학년 수업을 잘 따라갈 수 있을 정도로 영어를 잘하게 되었다. 현지 친구들과도 어려움 없이 즐겁게 대화한다. 이 정도면 훌륭한 성과다.

　세 번째로 나에게 휴식을 주고 싶었는데 정말 좋은 휴식기를 보냈다. 1년 전에는 일과 육아를 병행하면서 정말 눈코 뜰 새 없이 바쁘게 하루가 지나갔었다. 차분하게 앉아서 생각에 잠기거나 독서를 하는 여유는 상상도 못 하는 삶이 계속되었다. 왜 이렇게 이리저리 휩쓸리며 정신없이 사는 것일까? 여유 있게 살 수는 없을까? 갑작스럽게 찾아 온 사이판에서의 여유로운 생활은 지금까지의 삶과는 달라서 처음에 오히려 긴장이 될 정도였다. '내가 뭘 놓치는 것 같아. 지금 바쁘게 뭘 해야 하지 않을까?' 1년이 지난 후 쉼과 여유를 이제는 제법 자연스럽게 받아들이게 되었다.

네 번째로 아름다운 자연환경과 깨끗한 공기가 너무 만족스럽다. 언제든 달려갈 수 있는 바다가 가까이 있고 눈부신 하늘은 매일매일 아름다운 예술을 만들어 낸다. 낮게 드리운 토실토실한 구름들 그리고 바다와 함께 물들어 가는 저녁 붉은빛 하늘.

이 정도면 사이판에 온 나의 선택은 정말 대만족 그 자체다!

원래는 1년을 계획하고 왔지만 어쩌다 보니 나에게 새로운 1년이라는 또 다른 선물이 찾아왔다. 남은 1년은 또 어떻게 생활할 것인가? 잠깐 쉬어 가고 잠깐 힘들어서 멈추더라도 앞으로 꾸준히 걸어가자. 매일 뛸 수는 없다. 한 발자국이라도 내디뎠다면 스스로를 칭찬하며 남은 시간을 보내자.

슈가덕 비치에서 점프하기

책을 마무리하며

아이들이 무대에서 멋지게 공연할 때
영어로 신나게 대화를 나눌 때
학교 친구들과 잘 지낼 때
훌륭한 선생님을 만나서
아이의 피부가 많이 좋아져서
정말 많은 순간 행복했다.

해변에서 아름다운 바다를 바라볼 때
바다와 맞닿은 하늘이 아름다운 석양으로 물들어 갈 때
태평양에서 불어오는 시원한 바람을 눈을 감고 느낄 때
사이판의 아름다운 자연 속에서 주체할 수 없는 감동이 밀려왔다. 내가 여기 존재하는 것을 느끼며 마음이 충만해진다.

이곳에서의 생활을 더 의미 있게 만든 건 좋은 분들 덕분이다. 역시 삶에서 가장 큰 행복을 주는 것은 사람과 사람이 만드는 인연이고 그 안에서 사랑을 주고 사랑을 받는 것이라고 생각한다. 좋은 분들 만나서 서로 의지하고 도움을 많이 받을 수 있었다. 여기에 오시는 엄마들의 목적이 자녀 교육이 대부분이지만 그 목적만 맹목적으로 생각한다면 관계가 삭막해질 수 있다. 하지만 여기서 만난 많은 엄마들은 내 아이뿐만 아니라 다른 아이들도 소중하다는 마음으로 따뜻하게 아이들을 대하였다. 그 좋은 인연들에 감사하다. 아이들의 반 친구들도 한국에 가지 말고 자기 집에서 같이 살자며 많이 아쉬워한다. 이렇게 마음을 줬는데 떠나게 되어 너무 미안하고 좋은 인연으로 앞으로도 다시 만나면 좋겠다.

마지막으로 아이들에게 책에 넣을 그림을 급하게 그려 달라고 부탁했는데 즐겁게 참여해 주어 고맙다.

햇빛에 반짝이며 찰랑이는 에메랄드 바다가 이제 사이판을 고민하는 여러분을 기다리고 있습니다. 짧은 시간이든 긴 시간이든 사이판에 오셔서 아이도 엄마도 의미 있는 시간을 보내시길 바랍니다.

Adios Saipan!